부모의 공감교육이 아이의 뇌를 춤추게 한다

부모 인문학을 만나다 ❷

눈높이를 낮추어 아이를 크게 키우는 부모 인문학

좋은학교
만들기
네트워크

부모의 공감교육이 아이의 뇌를 춤추게 한다

권수영, 이영의 지음

영진미디어

목차

Part 1

답이 없는 자녀교육, 이유는 따로 있다

Part 2

뇌과학을 반영한 뇌교육

들어가는 말

건국 이래, 지금의 우리 아이들이 가장 스트레스가 많은 시대를 살고 있다고들 한다. 고등학교 입시와 대학 입시를 위해 아동기와 청소년기를 모두 소진할 만큼 바쁜 일상을 꾸려가는 아이들의 삶은 행복과는 거리가 멀다. 그럼, 소위 명문 대학에 입학하면 아이들에게 행복이 찾아오는 걸까? 만약 그렇다고 대답하는 부모가 있다면 참으로 순진한 생각을 하고 있는 것이다.

나는 가끔 부모를 대상으로 하는 대중강연에서 퀴즈를 내곤 한다. 2004년은 대한민국 대학 역사에 엄청난 일이 일어났는데, 그것이 무엇인지 묻는 질문이다. 궁금해하는 관중을 향해 내가 교수로 임용된 해라고 농담을 하면 그 썰렁한 답변에 무척 당황스러워한다.

실은 2004년은 내가 대학에서 학생들을 가르치기 시작하면서 요상한 대학문화를 경험하게 된 원년이다. 2004년은 바로 대학가에 '스펙'이라고 하는 단어가 유행하다가 마침내 신조어 사전에까지 등록된 해다. 그리고 2004년은 내가 학문의 전당인 대학의 근본정신을 망각하고 꿈 많은 제자들을 자기 자신으로부터 스스로 멀어지게 한 원죄를 갖게 만든 해이기도 하다.

2004년 이후, 대한민국의 대학은 하나같이 스펙을 준비하는 '취준생취업준비대학생'들이 거쳐 가는 하숙집처럼 변해갔다. 점점 대학은 그저 학점과 졸업장을 따내는 곳으로 전락했고, 대학생들은 더 많은 시간을 각종 자격증을 따기 위해 학원을 다니거나, 인턴 경력을 더

쌓기 위해 기업체에서 보내야 했다. 어느새 소위 명문대학이라는 대학을 포함한 대한민국의 모든 대학들이 취업률로 평가받는 우스운 꼴이 되었다.

스펙의 종류는 빠른 속도로 진화했다. 3종, 5종, 7종, 9종 세트로 늘어가면서 대학생들은 자신의 이력을 그럴듯하게 포장하는 기술을 익혀갔다. 젊은 세대들의 자존감이 떨어지기 시작한 것도 바로 이때부터다. 주위 친구보다 스펙이 한 가지라도 모자라면 자신의 존재감도 함께 추락했다. 인문학을 뼈대로 하는 대학의 기초 교육은 점점 더 유명무실해졌다.

인문학Humanities은 바로 인간됨의 의미를 스스로 찾아내는 학문이다. 그런데 정작 대학은 인문학 정신과는 반대방향으로 가고 있다. 스펙 포장법에 익숙한 학생들은 자기 자신을 돌아볼 기회를 박탈당했다. 철학이나 역사학과 같은 인문학 강의는 오히려 성공한 CEO나, 시간이 남는 기성세대들의 교양수업 쯤으로 인식되고 있다.

최근, '알파고AlphaGo' 같은 슈퍼컴퓨터의 등장은 이제 우리 아이들의 미래 직장까지 위협한다. 미래에는 우리 다음 세대들이 할 일을 모두 기계나 컴퓨터가 할 것이라고 예언하는 이야기를 들을 때면 정말 맥이 빠진다. 이제는 아이들이 점점 연애도 포기하고, 결혼도 포기하더니 결국은 희망마저 포기했다는, 뼈있는 한탄을 하는 게 결코 엄살이 아니다.

그뿐만이 아니다. 학교와 공교육기관에서 점점 인문학적인 기본이 무너지더니 갑자기 험한 곳으로 바뀌어 갔다. 학교폭력을 겪지 않는 학교가 없을 만큼 늘어갔고, 급기야는 학교폭력이 정부가 반드시 근절하고자 하는 4대 사회악에 포함되기에 이르렀다. 가정도 예외가 아니다. 4대 사회악 중 가정폭력과 부모의 아동학대는 도를 넘어도 한참 넘었다는 우려가 팽배하다.

이제 정부의 주도 하에 대한민국 부모들에게 아동학대 예방을 위한 대대적인 교육이 시작된다고 한다. 학교는 물론 가정에서 이루어지는 인성교육의 현실은 그야말로 낙제점이다. 무엇이 문제일까? 합리적 이성에 대한 지나친 편중현상은 감성교육에 대한 부실을 가져왔다. 머리 좋은 아이는 칭찬을 받지만, 감정표현이 풍부한 아이는 오히려 야단을 맞았다. 부족한 인성은 감성을 무시한 채 지성만을 강조해온 반쪽짜리 인문학에서 비롯된 것이다. 가혹한 댓글을 달고도 아무렇지도 않은 아이들은 윤리적으로 못된 아이라기보다는 상대의 마음을 정서적으로 헤아리는 공감능력이 저하된 아이이다. 이러한 아이들의 공감능력을 다시 회복시킬 수는 없을까?

뇌 과학자들은 다른 동물과는 달리 영장류, 특히 인간의 뇌 안에는 거울처럼 상대방의 마음을 비쳐 낼 수 있는 신경세포가 있어서, 생후 직후부터 공감능력을 타고난다고 주장한다. 오감을 넘어서 직감에 해당하는 육감The Sixth Sense이 있는데, 상대방의 마음을 읽고 공감하는 능력은 육감을 넘어선 칠감The Seventh Sense, 즉 일곱 번째 감각이라고 부르기도 한다. 그리고 갓난아이 때부터 부모는 아이의 거울신경세포Mirror Neuron를 활성화할 수 있는 연습 대상이라는 점을 강조한다.

그런데 부모가 아이에게 그런 공감능력을 연습할 충분한 경험을 제공하지 못한다면 아이의 일곱 번째 감각은 점점 무뎌지기 마련이다. 사용하지 않는 감각은 점점 사용할 수 없을 정도로 퇴화된다. 공감하지 못하는 부모를 만난 아이들의 공감능력이 떨어지는 건 어쩌면 가장 과학적인 이치일 것이다.

게다가 합리적인 분석만을 강조하고 정서적인 감수성에 대한 이해도가 떨어지는 교육환경에서 아이들은 점점 서로의 감정을 비치고 나누는 경험을 가지지 못한다고 가정해 보라. 결국 가장 쉽사리 밖으로 튀어나오는 분노감정만 표현하게 되고, 자신의 내면 안에 감추어진 불안, 두려움, 수치심 등은 전혀 다루지 못하게 된다.
결국 우리 아이들의 마음속은 점점 더 멍들어 가고 아이들의 공격성은 극도로 고조되고 마는 것이다. 공부가 아니면 인정받지 못하고 칭찬받을 일이 없는 교육환경에서 아이들은 자신의 인간됨과 자신만의 강점을 발견할 수 없게 된다. 오히려 자신의 콤플렉스만 발견하고, 패배감만을 가진 채 불행한 학창시절을 이어가고 만다. 이제 그 물꼬를 바꿀 새로운 시도가 절실하다.

우리 인간의 뇌는 조물주의 가장 조화로운 작품이다. 사물을 분석하고 수리적으로 혹은 언어적으로 설명하는 데에 좌뇌가 필요하며, 감정을 느끼고 상대방을 이해하고 공감하는 데 도움이 되고 상상력을 관장하기 위해 우뇌가 필요하다.
우선 나는 우리 가정에서부터 아이의 우뇌를 활성화하는, 소리 없는 혁명이 일어나길 소망한다. 학교에 가는 우리의 자녀들이 좌뇌만 가지고 학교에 가지 않는다. 친구들을 이해하고 마음을 나누고, 상대방의 고통을 헤아리는 공감능력이 충분히 개발되기 위해서는 우뇌의 역할이 절대적이다. 그리고 이러한 공감 연습은 부모의 도움 없이 아이 혼자서는 절대로 이룰 수 없다. 손뼉 치는 일에 두 손이 꼭 필요한 것처럼 말이다.

지난 몇 해 동안 '좋은학교만들기 네트워크'에서 학부모 강연을 진행하며, '부모 인문학'을 기획하고 출판하는 일은 정말 시의적절한 시도라고 여겼다. 그간 부모가 아이의 학업, 대학 입시, 진로, 취업에만 관심이 있었다면, 이제는 아이가 자신이 이 땅에 온 이유를 기뻐하고 존재 이유를 완성하는 일에 부모가 관심을 가져야 한다. 그동안 우리 사회가 우리 아이들의 좌뇌에만 관심이 있었다면, 앞으로는 부모가 먼저 아이의 우뇌와 함께 춤출 수 있어야 한다는 것이다.
부모와 함께 공감하고 소통하는 아이는 누구도 빼앗을 수 없는 행복감의 기초를 마련한다. 행복감을 느끼는 데에 있어서 아이의 대학 졸업장이나 스펙보다 중요한 것이 바로 자신의 감정을 돌보고 헤아리고, 사랑하는 사람들과 소통하며 마음을 나누는 일이기 때문이다. 세상에 나가서 당당한 자신으로 나서려면 학창시절의 탁월한 성적보다 더욱 중요한 것이 바로 건강한 사회적 관계를 만들어가는 '공감능력'이다.

21세기, 전 세계 일류 고등 교육기관의 공통적인 목표는, 분석하는 좌뇌와 공감하는 우뇌가 어우러진 '창의성 교육'이요, 국제적으로 건강한 관계 유지를 위한 '소통 교육'으로 요약될 수 있다. 부모에게 인문학적 혁신이 필요한 이유는 이러한 교육 목표의 첫 단추가 바로 부모에게서부터 시작된다는 사실을 부모들이 스스로 받아들이고 실천하기 위해서다. 아이의 창의성이나 인성, 그리고 공감능력도 모두 부모의 손에 달려 있다.

본 〈부모 인문학을 만나다 2〉『부모의 공감교육이 아이의 뇌를 춤추게 한다』는 '뇌과학'과 신경철학 연구자인 이영의 교수님과 함께 기획하고 집필하였다. 우리의 뇌는 신비롭다. 특히, 우리 아이의 뇌는 세상과 우주를 담고 있는 인류 최고의 작품이다. 똑똑한 아이를 원하면서, 독불장군인 아이를 원하는 부모는 아무도 없다. 자녀가 예리하고 합리적인 분석능력을 갖추었으나, 다른 사람을 전혀 배려하지 못하는, 못된 아이로 키우고 싶은 부모도 역시 없다. 뇌의 다양한 기능은 정체되어 있지 않고 일생에 걸쳐 지속적으로 변화를 경험하므로, 아이와 함께 긴밀한 관계를 맺고 연결되어 있는 부모의 공감은 매우 중요한 것이다.

이 글을 쓰는 지금도 헛바퀴를 도는 듯한 공교육과 아이의 불투명한 미래 때문에 한숨이 끊이지 않는 이 땅의 많은 부모들이 떠오른다. 하지만 아직도 우리 아이들에게는 세상을 향해 자신만의 춤을 마음껏 출 수 있는 기회는 얼마든지 남아 있다. 그리고 우리 아이들 누구나 가장 행복해질 수 있는 실마리가 바로 우리 부모에게 있음을 기억하자는 말을 건네면서, 이 책을 작은 선물로 드리고 싶다.

2016년 가을 초입에 연세대 연구실에서
저자를 대표하여 권수영 씀

Part 1

답이 없는 자녀교육, 이유는 따로 있다

1.
인성교육이 잘 안 되는
진짜 이유

2.
아이가 창의력이 없는
진짜 이유

3.
대한민국 중2병이 생긴
진짜 이유

4.
아이들이 공부를 안 하는
진짜 이유

5.
부모가 아이를 학대하는
진짜 이유

인성교육이 잘 안 되는 진짜 이유

왜 우리는 '느낀 점'을 느끼지 못할까?

내가 늘 의아하게 생각하는 단어가 하나 있다. 우리가 어릴 적부터 독후감이나 국어시간에 자주 써왔던 '느낀 점'이라는 단어가 그것이다. 우리는 그동안 어떤 책을 읽고 나면 '느낀 점'에 대하여 이야기하고 써내는 숙제를 수없이 많이 했다. 여기에서 '느낀 점'이란 우리가 감각적으로 느끼고 지성이 아닌 감성이 움직이는 내용을 쓰는 것을 의미한다. 예컨대, 한석봉과 그의 어머니의 이야기를 읽고 나서 '느낀 점'을 쓰라고 하면 어떻게 써야 할까? '한석봉은 집에 돌아와서 얼마나 기뻤을까? 그러나 그의 어머니의 차가운 반응에 많이 당황했을 것이다. 불을 끄고 글을 쓰라는 말씀에 당황했을 것이고, 불을 끄고 글을 쓰는 일 역시 정말 답답했을 것이다. 그러다 결국 불을 켜서 자신의 글을 보고 나서는 놀라고 크게 창피함을 느꼈을 것'이라고 만약 어떤 학생이 적었다면 교사는 어떻게 반응했을까? 아마 그 학생이 장난을 쳤다고 생각하며 크게 야단을 치거나, 아주 이상한 아이쯤으로 여기고 인지발달에 문제가 있다고 생각하지는 않았을까?

1
'느낀 점'이 사라진 교육현장

우리는 '느낀 점'과 '생각할 점'을 혼용하여 사용할 때가 많다. 사실 우리에게 '느낀 점'은 존재하지 않는다. 한석봉의 이야기를 읽고서 '공부에는 왕도가 없다', '교만하지 말고 끝없이 노력해야 한다'고 느꼈다고 말을 해야만 칭찬받는 문화가 바로 대한민국 교육의 현실이다.

시간은 흘렀지만 부모세대뿐 아니라 우리의 자식 세대까지 모두의 머릿속에 있는 '느낀 점'은 크게 달라지지 않았다. 아직도 여느 초등학교에 가서 보면, 독서기록카드에는 어김없이 책 제목과 지은이 그리고 '느낀 점'을 쓰는 칸이 들어있기 마련이다.

그런데 그 칸에 '생각할 점'이나 '올바른 교훈' 등을 써야지 '진짜 가슴으로 느낀 점'을 썼다가는 혼쭐이 날지도 모른다. 정작 국어 교사들은 '느낀 점'이란 단어를 '생각할 점'과 혼용하여 쓰는 게 뭐 그리 대수냐며 넘기려할 수도 있다. 하지만 '느낀 점'보다 '생각할 점'을 중요시하여, '느낀 점' 자체를 무시해 버린 교육은 국어 교육만 이상하게 만드는 것이 아니다. 그런 교육은 지능지수IQ는 무엇보다도 중요하게 여기면서도, 정작 자신의 감성을 중요하게 느끼고, 타인의 감성도 함께 느낄 수 있는 역량과 대한민국 모두의 감성지수EQ마저 최저의 수준으로 만들어 버렸다.

감성의 억압은 집단주의 문화에서 보이는 획일성과 잘 맞아떨어진다. 국어 문제집에 나와 있는 '느낀 점'은 모두 외워서 한결같이 적어야 하는 모범답안이다. 윤동주의 〈서시〉를 읽으면 조국을 잃은 애국 청년의 느낌을 모두가 느껴야만 한다. 다른 대안적인 느낌은 정답에서 배제된다.
하지만 2016년에 〈서시〉를 읽는 우리 청소년들의 느낌은 어떨까? 요즘 교육현장에서 자주 감성과 창의성을 연결하여 논하는 것도 자유로운 감성이 논리적인 지성에 눌려 제 기능을 발휘하지 못했던, 한국교육의 한 단면을 반성하며 이를 지적하는 측면이 있다고 본다. 요즘 기업에서도 감성 리더십이나 공감경영 등을 외치는 것 역시 감성의 잠재력을 인식하고, 이를 회복하는 일에 관심을 기울이고 있다는 반증일 것이다.

한국 문화와 정서에 대한 강의를 하는 중에 한 캐나다 유학생 한 명이 나에게 재밌는 이야기를 한 적이 있다. 교수님은 한국 사람들이 '느낀 점'을 잃어버린 민족이라고 하지만, 자신이 느끼기에 한국은 미국이나 캐나다 사회보다 훨씬 더 감성적인 민족 같다는 것이다.
그렇게 생각하는 이유를 구체적으로 물으니, 북미 사람들은 훨씬 논리적이고 합리적인 민족이라고 여겨지는 데 반해, 한국 사회의 갈등 상황에서 그 학생이 지켜본 한국 사람들은 꽤 다혈질이었다는 것이다. 예컨대, 아무리 생각해도 국회에서 의원들이 삿대질을 하고 멱살을 잡고 흔드는 모습은 다른 서구사회에서는 좀처럼 보기 힘든 장면인 게 분명하다.
그런데 정말 이 캐나다 유학생이 본 것처럼 우리 한국 사람들이 자신의 감정을 충분히 느낄 줄 아는 사람일까? 교육의 과정에서 '느낀 점'을 도둑맞은 한국인들이 느끼는 것은 과연 무엇이란 말인가? 혹시 분노 감정만 표출할 줄 알지 자신의 내면세계 안에 있는 세세한 감정에 대하여는 전혀 느끼지 못하는 것은 아닐까?

2
'느낀 점'을 부활해야 하는 이유

한국과 서양의 '느낀 점'은 상당히 다르게 여겨지는 것 같다. 내가 경험한 미국인이 자주 하는 긍정적인 감정표현은 자부심Pride이다. 미국인이 자신의 조국에 대하여 갖는 국가적인 자부심은 이미 잘 알려진 바이기도 하다.

또한 미국인은 자신이 가진 자원이나 강점을 자랑스럽게 타인에게 이야기하는 것은 부끄러운 게 아니라 생각하며, 가족끼리도 자부심을 표현하는 일이 잦다. 예를 들어, 부모가 자식에게 "나는 너를 자랑스럽게 여긴다"는 말을 자주 하는 식이다.

우리의 부모세대들은 가족끼리는 몰라도, 적어도 남들에게 자식을 대놓고 자랑스러워하며 자식 자랑을 하는 것을 참으로 어색하게 생각했다. 공부 못하는 자녀를 둔 부모 앞에서 공부 잘하는 내 자식을 자랑 하는 것은 심지어 무례한 일로까지 여겨졌다.

이러한 생각은 집단주의 문화에서 감정을 문화적으로 표현하는 방식이었던 것이다. 속으로만 자랑스러워하고, 속으로만 느끼며 밖으로 표현을 하지 않았던 것이 우리네 부모세대였다. 따라서 미국인이 자주 경험하는 긍정적인 정서가 개인주의 문화의 특징을 잘 드러내는 자부심이라면, 한국 사람들이 가장 긍정적으로 여기는 정서는, 집단주의 문화에서 주로 느끼는 공동체적인 '연대감'이다.

연대감은 내가 아닌 '우리'라는 말로 서로 연결된 느낌을 뜻한다. 간혹 "우리가 남이가?"라는 사투리 속에 느껴지는 동질감처럼 우리가 개인으로 홀로 느끼는 감정이라기보다는 함께 있을 때 느끼는 감정을 말한다. 이러한 감정은 바로 가족 안에서 그리고 마을공동체 안에서 자주 느낄 수 있는 느낌이기도 하다.

이웃과 함께 김장을 하고, 음식도 나누어먹던 시절이 불과 수십 년 전만 해도 가능하지 않았던가? 우리가 드라마 〈응답하라 1988〉에 등장하는 쌍문동 골목에 열광한 것도 이러한 이유가 아니었을까? 너도나도 아파트에 살게 되자 골목에서 만나던 이웃들의 모습이 우리 눈앞에서 사라지기 시작하면서, 우리의 아이들마저 골목에서 노는 대신 집 안에서 컴퓨터게임에 빠져 이전에 우리가 동네에서 느꼈던, 연대감이 주는 행복은 점차 사라져 버린 것 같다.

한국 사람들에게 연대감과 정감을 나누는 것이 중요한 만큼, 이렇게 서로 연결된 느낌이 갑자기 사라지게 되면 우리는 굉장히 큰 정서적 공황상태에 빠지게 된다. 집단에서 배제된 느낌, 거절된 느낌은 개인주의 사회에서의 개인보다 훨씬 견디기 어렵게 느껴진다.

학교폭력이나 집단따돌림을 당한 아이들이 서양의 아이들보다 훨씬 큰 충격을 받을 수밖에 없는 것은 우리가 살아온 집단주의 문화의 현실 때문이다. 이러한 거절감이나 수치심을 경험한 아이들이 자신의 내면적인 경험을 회피하려고 반사적으로 대상을 향하여 느끼는 감정이 바로 '분노'이다. 그리고 그 분노는 곧 충동적인 폭력행위로 이어지기 일쑤다.

폭력은 힘이 약한 타인을 향해 행해지거나, 자기 자신을 향하기도 한다. 다혈질처럼 보이는 한국인의 모습은 실은, 자신의 거절감이나 단절감을 무의식적으로 회피하려는 반사적인 행동 안에 빠져 있는 모습인 것이다.

시골 마을에 길을 내고, 국도를 뚫고, 고속도로를 만들어 반백 년 만에 우리 민족은 세계가 부러워하는 부강한 나라가 되었다. 하지만 과연 우리 자녀들에게 물려줄 대한민국이 가난으로부터 벗어났으니 더 이상 부끄러운 모습이 아니라고 자부할 수 있을까? 세계 어느 나라보다도 자살률이 높고, 우울증 유병률, 각종 도박에 빠져 있는 중독자가 넘쳐나는 한국 사회가 과연 행복한 나라라고 우길 수 있는 어른은 얼마나 될까?

나는 무엇보다 우리 민족이 속히 '공감 능력'을 회복하는 길만이 우리가 가장 좋아하는 감정인 동질감과 연대감을 고취하고 서로 연결되어 있다는 느낌으로 최고의 행복감을 누릴 수 있는 지름길이라고 본다. 하루속히 '느낀 점'을 회복해야 한다. 그리고 '느낀 점'을 '생각할 점'으로 매도해서는 안 된다.
상대방의 느낌을 나도 함께 느끼고 공감하는 훈련이 가정이나 학교에서 시작될 때 우리의 전통적 가치인, 부모와 어른을 공경하는 마음과 나눔과 배려의 공동체 의식도 회복될 것이다. 효도는 학교에서 머리로 가르쳐야 할 사상이 아니다. 효도는 우리가 가정에서부터 서로 느낌을 나누고 공감하여 연결된 느낌을 가지는 감성의 회복이기 때문이다.
우리 사회 곳곳에서 소통이 안 되고 갈등을 겪게 되는 것도 쌍방이 서로 각자의 입장을 설득하기 위한 설명만 난무할 뿐, 서로의 '느낀 점'을 느끼려고 하지 않고 감성을 무시하기에 수치심이 자극되어 더 많은 폭언과 폭력이 생겨나는지도 모른다. 진정한 의사意思소통은 실은 뜻과 생각이 통하는 것이 아니라, '느낀 점'이 통하는 것이다.

3
인성교육의 시작도 '느낀 점'부터

인성교육은 어디서부터 시작해야 할까? 부모들은 학교가 아이들의 지성뿐 아니라, 인성도 교육해 주기를 기대하고, 교사들은 인성교육이야말로 부모들이 집에서 기초를 놓아야 하는 가정의 몫이라고 주장할 수 있다.

하지만 인성은 누가 가르쳐 주는 그 무엇이 아니다. 인성은 내가 스스로 만들어가는 과정이고, 내가 습득해 가야 하는 '훈습薰習'의 영역이다. 훈습이란 연기로 배우는 학습이란 의미인데, 마치 연기로 고기를 서서히 구워내는 훈제과정과 비슷하다. 이는 숯불로 고기를 빨리 구워내는 속성 과정과는 다르다. 하루아침에 인성교육이 가능하다고 믿는 부모나 교사 모두가 다시 한 번 생각해야 할 것은 인성교육의 핵심이 자발성과 지속성이라는 것이다.

한국사회가 왜 인성교육에 힘겨워 하는지 그 이유는 분명하다. '빨리 빨리'가 문화의 핵심코드인 한국사회가 인성교육도 정해진 기간 내에 빨리 평가해야 하는 '인지' 영역이라고 믿기 때문이다. 이러한 인식으로 인해 제대로 된 인성교육은 자연스레 자취를 감춰 버렸다. 그나마 서구사회에서 진행하는 인성교육을 모방한 덕에 인성과 덕성 함양을 위한 봉사시간을 요구하는 학제를 시작하였다. 하지만 봉사는 시간으로 인정된다. 봉사를 신청하는 학생은 그 봉사가 일정 기간 안에 끝났는지, 인정시간은 적당한지에 관심을 가진다. 봉사하는 데에도 머리를 과도하게 써야 한다. 심지어는 봉사하고 난 뒤 인증서만 발급하고 아무것도 요청하지 않는, 그런 깔끔한 봉사기관을 찾아 헤매기도 한다.
교사도, 부모도 아이들이 봉사를 한 후 봉사확인서만 요구하지 '느낀 점'을 묻지는 않는다. 혹시 누군가가 '느낀 점'을 묻는다면, "나는 앞으로 사회적 약자를 위해 봉사하는 삶을 살겠다"는 다부진 각오를 피력해야 할 것이다. 이제는 봉사도 생각해야 할 과제가 되어버렸고, 더 이상 봉사 후 진짜 '느낀 점'을 묻는 이도 없다.
하지만 누가 뭐래도 봉사는 경험을 통해 훈습이 가능한 인성교육의 과정이다. 스스로 봉사의 경험을 통한 '느낀 점'이 축적되어야 타인을 공감하고 배려하는 인성의 함양이 가능해진다. 부모가 자녀의 봉사활동에 개입하여 봉사를 주도하는 경우도 있고, 봉사활동의 양과 기간을 지시하는 경우도 다반사다. 자녀는 봉사 경험 중 스스로 느낄 틈이 없다. 봉사는 빨리 끝내야 하는 학업의 일부가 되고, 그 과정 중에 느끼는 정서의 교류에는 둔감해질 수밖에 없다.

나는 대학에서 필수과목으로 봉사과목을 가르치고 있다. 이 과목은 한 학기 동안 수강하는 모든 학생에게 다문화복지기관에 가서 매주 일 2시간씩 봉사를 하도록 구성되어 있다. 과목을 듣는 학생들은 다문화가정의 아이들이나 청소년들을 만나 나름의 학업을 가르칠 기대를 하고 과목을 등록하게 된다. 특히 이 과목은 학기가 끝나고 봉사시간을 채우면 총장이 인정하는 20시간 리더십 인증을 받는 과목이다. 그래서 아르바이트로 영어나 수학 과외를 해 본 적이 있는 대학생들에게 쉽게 수업도 듣고 취업에 유익한 봉사 스펙도 쌓을 수 있는 일거양득을 노릴 수 있는 과목으로 알려져 있다.
그런데 어느 학기였다. 학기가 시작하기 전, 다문화복지기관에 이변이 생겼다. 갑자기 화재가 나서 시설이 전소하는 불행이 닥친 것이다. 수업을 듣는 40여 명의 학생들에게 봉사내용은 갑자기 화재로 검게 타버린 건물 내부를 청소하는 일로 바뀌게 되었다. 하루 이틀도 아니고, 한 학기의 절반이 지나도록 다문화가정의 아이들은 만날 수도 없었고 검게 변한 식기와 책상, 그리고 벽을 닦는 일만 거듭했다. 결국 불만이 생겨나기 시작했다. 자신이 생각한 봉사와 다르다는 것이 불만의 요지였다. 다문화가정의 아이들과 만나 이들의 학업에 도움이 되려고 했던 이들은 생각지도 않은 지저분한 봉사에 싫증을 내기 시작한 것이었다.

나는 이 학생들에게 봉사경험에 대한 특별한 보고서를 요구하였다. 가장 먼저, 현장에서 경험한 일을 판단하지 않고, 최대한 객관적으로 서술하도록 했다. 경험하기도 전에 생각하고 있었던 봉사의 내용이 있다면 잠시 내려놓아야 한다고 했다. 이것은 소위 '괄호 치기'라는 방식으로 자신이 미리 생각하고 있던 바를 잠시 괄호 안에 묶어놓는 것이다. 그래야 자신이 하는 일을 편견 없이 바라볼 수 있는 여유가 생긴다. 미리 마음먹은 '생각'을 내려놓으면 비로소 내가 현재 여기서 무슨 일을 하는지 있는 그대로 경험할 수 있는 것이다.

그 다음 단계는 '느낌'을 느끼고, 어떤 느낌이든지 느껴지는 대로 적어 보도록 하게 했다. 2시간이 넘게 검은 물이 끊임없이 새어 나오는 설거지통에서 그릇을 닦던 어떤 남학생은 처음에는 '짜증'과 '화'를 느꼈다가 서서히 또 다른 감정을 느끼기 시작했다고 했다. 손가락에 빨간 매니큐어를 발랐던 여학생들의 손끝이 검게 물들도록 부지런히 설거지에 열중하는 모습을 보고, '감동'과 '연대감'을 느꼈다는 것이다.

그리고 후에, 방화범은 다름 아닌 바로 이 무료급식소에서 음식을 얻어먹던 중국동포였다는 말을 듣게 되었을 때에도 '분노'와 '괘씸함'이 먼저 올라왔다고 한다. 하지만 결국 이 방화범도 화상을 입고 병원에서 사망하였다는 소식을 듣게 되자, 검게 그을린 벽을 닦던 학생들에게는 '애처로움'과 '안타까움'이 생겨났다. 한 보고서에는 벽에 흐르는 검은 물이 갈 곳 없는 중국 동포의 한 많은 눈물처럼 느껴졌다는 의견도 있었고, 건물의 군데군데에 이제 고향으로 돌아갈 수도 없는, 왠지 모를 누군가의 '억울함'이 느껴진다는 학생도 있었다.

평상시 나는 학생들에게 봉사활동에 대한 경험과 느낌을 적게 하고 나서 봉사경험에 대한 새로운 이미지를 적도록 한다. 그러면 기존의 이미지나 생각과는 달리 새로운 통찰로 나아가는 경우가 다반사다. 한 학기 내내 급식소 청소만 하던 대학생들은 봉사에 대한 기존의 생각에서 벗어나 다문화복지에 대한 새로운 통찰을 가지게 되었다. 경험 이전에 자신이 생각한 봉사의 내용과는 사뭇 달랐지만, 새로운 경험에 대한 느낌은 이들에게 새로운 통찰을 안겨주었던 것이다.
이렇듯 '느낀 점'은 인성함양에 필수과정이라고 여겨지는 봉사활동의 경험을 차분히 성찰하는 데 있어서 중요한 역할을 한다.
세밀한 계획이나 분석적인 생각이 봉사활동을 이끄는 것처럼 보일지도 모른다. 하지만 느낌을 충분히 경험하고 살펴보는 일이야 말로 봉사의 경험을 생각지도 못한 감동과 깨달음으로 이끄는 진짜 동력이 된다.

4
가정에서 인성교육이 어려운 이유

일선 학교에서 '생각할 점'을 '느낀 점'보다 강조하는 교과과정으로 진행한다면, 가정에서 이루어지는 가정교육에서는 무엇보다 '느낀 점'을 챙기는 시간이 필요하다.

주위를 보면 거짓말을 꽤 잘하는 아이들이 있다. 재미삼아 하는 듯싶다가 점점 지능적으로 거짓말을 한다. 이런 아이들은 인성교육이 부족한 탓일까? 당연히 부모의 인성교육이 부실하다고 탓하기 쉽다.

거짓말을 하는 아이들은 대부분 비슷한 느낌을 가진다. 진실을 말하면 안 될 것 같은 두려움이 있다는 것이다. 솔직히 말하면 용서해준다고 부모가 아무리 달래도 이미 과거에 당한 적이 있는 아이들이라면 여전히 두려움에 발목이 잡힌다.

나는 부모들로부터 자신의 아이가 갑자기 거짓말이 늘었다고 하는 이야기를 종종 듣는다. 아마도 이 아이에게는 꼭 거짓말해야 하는 상황, 즉 진실을 이야기했다가는 엄마의 불신을 가중시키는 경우가 생겼을 것이다. 다시 말해, 부모가 아이의 거짓말이 늘었다고 생각하는 시점은 이미 아이가 부모의 신뢰를 잃은 경험이 꽤 축적되어 있는 상태라는 것이다.

아이는 있는 모습 그대로의 자신을 드러내면 부모로부터 질책을 받을까봐 두렵다. 그래서 자신의 적나라한 모습을 들킬까 불안이 도사리고 있게 된다. "너, 한 번만 더 거짓말하면 혼날 줄 알아!" 혹은 "네가 아무리 속이려 해도 엄마는 다 알고 있어!"라고 말하는 부모의

'명대사'에 아이의 방어심리는 고도로 발달하게 된다. 아이에게는 스스로를 속여서라도 거짓말로 위장해야 하는 절체절명의 순간이 온 것이고, 그만큼 내면의 불안은 가중되게 된다.

여기서 무엇보다 부모는 거짓말하는 아이의 '느낀 점'에 민감할 수 있어야 한다. 거짓말하는 아이에 대한 인성교육은 '거짓말은 나쁜 짓'이라고 하는 인식을 심어주는 일이라고 생각하기 쉽다. 거짓말하는 것은 나쁘다는 생각을 다 하고 있는데도 아이가 부모에게 또는 교사에게 자꾸 거짓말을 하는 데에는 마음 깊이 어떤 느낌이 작용하고 있다는 점을 명심하자. 아이의 느낌을 묻고 또 그 느낌을 헤아리는 것이 인성교육의 시작이다.

민준이는 엄마 나이 38세에 낳은 외동아들이다. 오랫동안 기다리다가 낳은 아이여서 그런지 민준이는 부모의 사랑과 기대를 한몸에 받으면서 자랐다. 민준이는 피아노도 열심히 치고, 공부도 곧잘 해서 초등학교 내내 칭찬을 많이 받으면서 자랐다. 그런데 중학교에 입학한 뒤 반 친구들과 어울려 노래방에도 가고, 주말에는 밤늦게 친구 집에서 놀다 오는 일이 잦아지면서 엄마의 걱정이 시작되었다. 중학교를 가더니 왜 이상해졌냐며 엄마가 민준이를 혼내는 시간도 늘어났다. 민준이 역시 엄마가 자꾸 묻는 것이 귀찮아지기 시작했다.

어느 날, 아빠는 민준이를 앉혀놓고 장시간의 대화를 나누었다. 친구 집에 가서 모둠 숙제를 하다가 연락을 하지 않고 밤 11시 무렵에 들어온 다음 날이었다. 핸드폰 배터리가 없어서 전화를 못 했다고 엄마에겐 충분히 변명을 했었지만, 아빠에게는 변명할 기회조차 없었다. 아빠는 민준이와 많은 시간을 보내진 못했지만, 늘 민준이를 신뢰를 하고 있었다.

아빠는 한 번도 한 적이 없던 장시간의 질책과 권고의 말을 쏟아냈다. 평소에 아빠는 민준이의 교육에 대해서는 말을 아끼는 편이었다. 그 날 대화의 요점은 '외아들인 너는 엄마를 절대로 실망하게 해서는 안 된다'는 것이었다. 엄마는 10년 넘게 아이를 가지기 위해 온갖 노력을 다하고 나서 민준이를 낳았고, 그 후 건강상 이유로 더 이상 아이 가지는 것을 포기하고 민준이 하나만을 바라보고 살아왔다는 이야기를 아빠는 민준이에게 아주 상세히 설명하였다.

아빠는 '엄마에게 너는 유일한 희망'이라는 말을 강조하면서 엄마의 말에 무조건 순종하라고 타일렀다. 그렇다고 완력이 동원된 것도 아니고 민준이를 모질게 몰아세운 것도 아니었다. 하지만 집안의 장남답게, 그리고 집안에 형제자매가 여럿이 있는 것도 아니어서 여러 명의 역할을 혼자 감당해야 한다는 아빠의 부탁은 아이에게 무거운 부담으로 다가왔다. 그 후로는 엄마가 기운이 빠져있거나 감기라도 앓게 되면, 왠지 아빠의 목소리가 들리는 듯했다. '너는 집안의 장남이라고 한 말 잊었니? 네가 또 무슨 사고라도 친 것 아냐?'

아빠는 별 말이 없었지만, 엄마의 상태를 보고 자신의 행동을 판단한다고 민준이는 생각했다. 아빠는 엄마에게 민준이의 모든 것을 일임한 듯이 보였고, 민준이는 엄마를 통해 그런 아빠를 안심시켜 드려야 한다는 부담감을 가지게 되었다. 민준이는 엄마에 대한 불만도 있고, 집안에서 느끼는 부담감도 심했지만, 겉으로 드러낼 수가 없었다. 그냥 엄마의 마음을 불편하게 하지 않으면서, 아빠에게도 큰 걱정을 끼치지 말아야겠다는 어른스런 생각을 가지려고 애썼다. 분명히 이러한 생각은 하루에 열두 번도 더 하는 데, 문제는 집에 들어오면 알 수 없는 내면의 불안을 어느 누구와도 나눌 기회가 없었다는 것이다.

그런데 중학교 2학년이 되면서 민준이에게는 묘한 습관이 하나 생겼다. 엄마에게 이야기할 때마다 엄마의 눈치를 살피게 되고, 자신이 하는 말이 엄마의 마음을 불편하게 하면 어쩌나 하는 불안함이 생긴 것이다. 그때부터인가 민준이는 엄마에게 거짓말로 둘러대는 일이 많아졌다.

깜빡 졸다가 학원에 가는 버스를 놓친 것도 집에 갑자기 가스불 경고가 울려서 그것에 대한 조처를 하느라 늦었다고 둘러댔고, 방과 후 친구들과 이야기하다가 늦은 것도 학교에 폭력사고가 생겨 상담 선생님과 단체로 상담을 받았다고 둘러댔다. 엄마와 대화할 때는 거짓말을 하고 있다고 생각하지 못할 정도로 자연스럽게 거짓말이 튀어 나왔다.

꼬리가 길면 밟힌다고 했던가? 엄마는 민준이가 말도 안 되는 소설 같은 이야기를 너무 자주 한다고 느끼게 되었고, 곧장 탄로 나고 마는 민준이의 새빨간 거짓말도 자주 듣게 되었다. 결국 엄마는 그러한 거짓말을 아무렇지도 않게 하는 민준이에게 대한 실망감을 표시하면서, 여러 번 거짓말에 대한 경고를 주었다.

하지만 민준이의 거짓말은 더욱 정교해졌고, 더욱 즉각적으로 진행되었다. 그러자 거짓말을 탐지하는 엄마의 기술도 함께 발달되어, 두 사람의 갈등도 더욱 심화되었다. 엄마는 하루에도 몇 번씩 이렇게 소리쳤다. "내가 너를 어떻게 낳았는데……. 어쩌다가 내가 너를 이렇게 거짓말쟁이로 키웠는지 모르겠다!"

민준이도 자신이 왜 자꾸 엄마 앞에서는 거짓말을 하게 되는지 알 수 없었다. 거짓말을 하지 말아야겠다는 생각은 하루에도 수십 번, 수백 번도 더 하는데 말이다. 민준이에게 무슨 일이 있었던 것일까? 학교에서 혹은 가정에서의 인성교육에 어떠한 문제가 있었던 것일까?

여기에서도 혹시 부모가 '생각'은 강요했지만, 민준이의 '느낌'은 전혀 고려되지 않았기 때문은 아닐까?

5
'느낀 점'으로 시작하는 새로운 인성교육

옳은 행동을 몰라서 하지 못 하는 경우는 거의 없다. 너무 잘 알고 있다고 생각하지만, 바른 행동을 하지 못하는 데에는 그에 따른 다른 이유가 있는 것이다.
민준이는 착한 아이가 되고 싶어 했다. 아빠가 원하는 아들, 그리고 엄마의 말씀을 잘 듣는 아들이 되고자 하는 마음이 절실했다. 민준이는 엄마의 눈치도 아빠의 눈치도 살필 줄 아는 그런 아이였다.
그런데 부모에게 좋은 아들이 되고픈 욕구가 큰 만큼 그에 대한 부담과 불안도 커지기 마련이었다. 민준이의 마음에는 엄마의 늦은 나이가 부담이 되었을 수도 있고, 자신이 부모를 기쁘게 해야 하는 유일한 자식이라는 것이 부담이 되었을 수도 있다.

커다란 부담이 스스로 감당할 수 있다는 자신감보다 훨씬 크면 결국 그 부담은 엄청난 불안이 된다. 결국 민준이를 사로잡은 것은 착한 아이가 되겠다는 '생각'보다 아빠와 엄마를 실망하게 하면 어쩌나 불안해하는 '느낌'이다. 누구든 이러한 느낌이 마음 깊숙이에 자리 잡고 있으면, 불안이 생각을 압도하고 만다. 생각은 꼭 하고 싶지만, 실천은 할 수 없는 딱한 처지가 되는 것이다. 그런데 무엇보다 안타까운 것은, 이러한 아이는 선善은 생각조차 할 수 없는 나쁜 아이로 취급받는다는 데 있다.
민준이의 불안한 마음을 느끼고 충분히 공감하는 이가 있었다면, 민준이의 불안은 스스로 수용 가능한 느낌이 될 수 있었을 것이다. 따라서 누구든 '느낀 점'을 밖으로 드러내지 못하면, 마음의 가장 밑바닥에서 그 사람을 꼼짝도 못 하게 묶어 놓는 족쇄가 된다.

불안이 커질수록 엄마의 질문을 모면하려는 거짓말이 순간적으로 튀어나오기 마련이다. 엄마가 의심하면 할수록 거짓말은 꼬리에 꼬리를 물고 이어진다. 이렇게 꼬리가 길어지면 밟히게 된다는 논리적 사고는 아예 생각조차 할 수 없다. 오히려 꼬리가 밟힐 것 같은 불안이 심해지면 거짓말은 더 정교해지고, 더 드라마틱해진다.

이런 과정은 절대로 아이들이 계획을 세워서 하는 게 아니다. 인성이 못돼먹어서 그런 것은 더더욱 아니다. 단지 '느낀 점'을 느끼지 못하고, 마음 깊은 곳에 묻어 두면 저절로 일어나는 자연적인 반응이다. 스스로 움직이는 자동회로처럼 순식간에 진행되는 해프닝처럼 말이다.

우리의 아이가 못된 아이가 되어 간다고 여겨지면, 결코 '생각'이 없어서가 아니라는 것을 알아야 한다. 느낌이 충분히 소통되지 못했기 때문이다. 어떠한 '느낀 점'이라도 소통할 대상이 있고, 그렇게 공감을 받으면 문제는 저절로 해결된다.

우리의 가정은 '느낀 점'을 충분히 꺼내 놓을 수 있는 장소여야 한다. 부모는 '느낀 점'을 잘 느끼고 함께 공유하려는 노력을 할 줄 알아야 한다. 정말 행복한 아이는 느낄 줄 아는 부모를 가진 아이이다. 부모가 함께 느껴주기만 해도, 아이는 천군만마를 얻은 듯 힘이 나고, 학교에 가서 누구를 만나도 당당해질 수 있다.

거짓말쟁이 민준이는 스스로 거짓말을 하게 된 원인을 찾고 싶어 했다. 학교 상담교사를 찾아간 민준이는 자신이 얼마나 큰짐을 지고 있는지 깨닫게 되었다. 엄마와 아빠가 자신에 대하여 기대하는 것을 잘 알고 있었고, 그 기대에 미치지 못하는 자신을 볼 때마다 점점 자신감을 잃었던 것이다. 언제부터인가는 부모님을 만족시키는 일이 불가능할 것이라는 무기력감마저 들었다.

하지만 친구들과 있으면 그래도 가정에서 느끼는 불안과 무기력이 덜 느껴져서 좋았다. 평소에는 느끼지 않으려고 노력하는 불안감과 두려움은 엄마만 보면 갑자기 급증했다. 불안에 짓눌려 언제 하는지도 모르는 사이 민준이의 거짓말은 일발 장전되어 즉시 발사되곤 했다. 한번 발사된 거짓말은 주워 담을 수도 없고, 거짓말 때문에 엄마의 표정이 일그러지면 불안감은 더욱더 가중되고 만다. 그러면 또 다른 거짓말 폭탄을 투하하게 되고, 엄마의 마음은 결국 폭발하고 마는, 이러한 악순환이 계속되었던 것이다.

민준이를 상담하던 선생님은 민준이의 '느낀 점'을 함께 느껴주는 일부터 시작했다. 또한 선생님은 민준이의 엄마와도 상담을 시도했다. 민준이 엄마에게 민준이가 오랫동안 느껴 온 부담감과 불안감을 충분히 설명해 주고, 민준이가 '느낀 점'을 엄마도 함께 느껴주기를 부탁했다. 하지만 엄마는 그럴 리가 없다며 민준이의 '느낀 점'을 거부하는 눈치였다.

선생님은 친절하게 민준이의 느낌이 엄마의 잘못도, 아빠의 잘못도 아님을 다시 한 번 강조하였다. 단지 '느낀 점'을 생각보다 뒤편에 둔 결과일 뿐, 누구의 잘잘못을 따질 문제가 아니라는 것이다. 그러면서 선생님이 부모에게 간곡하게 말한 것은 민준이의 '느낀 점'을 없애려 하지 말라는 것이었다. 그저 함께 느껴주기만 하면 모두 해결된다는, 어찌보면 다소 모호하면서도 애매한 당부를 덧붙였다.

상담 후, 엄마는 민준이가 한 번도 이야기한 적이 없었던 부담감과 불안감을 함께 느끼려고 애썼다. 아이가 여러모로 엄마의 눈치를 보는 것도 평소에 아빠와 하는 대화가 지나치게 적은 것도 새롭게 보이기 시작했다. 그러자 민준이의 '느낀 점'이 점점 더 피부로 느껴졌다. 민준이의 부담감과 불안감도 함께 느끼기 시작하자 민준이가 달라졌다. 엄마의 존재가 평가의 대상, 자신이 만족시켜야 할 대상에서 함께 느껴주는 편안한 대상으로 바뀌어 갔기 때문이다.

인성교육은 함께 사는 세상에서 바른 인간으로 자라도록 돕는 교육이다. 누구의 질책을 피하기 위해서, 누구의 눈에 쏙 들기 위해서 나의 모습을 만들어 가는 것은 좋은 인성교육이라 할 수 없을 것이다. 그래서 인성교육은 자발성이 가장 기초가 되어야 하는 교육임에는 틀림없다. 인성교육은 지식을 전수하는 교육이 아니다. 그래서 논리와 합리적 사고가 그리 크게 중요하지는 않다. 인성교육은 좋은 습관을 몸에 배게 하는 교육이다. 좋은 습관을 몸에 배게 하려면 일단 초기경험을 가지는 것이 필요하다.

또한 누구나 봉사경험만 하면 저절로 인성교육이 완성되는 것도 아니다. 오히려 봉사가 짐이 되고, 이수해야 할 과목으로만 한정 된다면 역효과다. 무엇보다 봉사를 통한 '느낀 점'이 중요한 것이다. '느낀 점'을 서로 나누고 공감하다 보면 놀라운 실천력과 결단이 동반된다. 그래야 봉사의 지속성도 자연스럽게 가능해 지는 것이다. 생각이 모자라서 좋은 행동을 못 하는 것이 아니라, 느낌을 활성화하지 못할 때 실천은 부실해진다.

인성교육의 부재는 바로 이러한 '느낀 점'을 제대로 활용하지 못한 탓이다. 이제부터라도 아이의 '느낀 점'을 함께 충분히 느끼고 공감한다면 아이들의 인성은 소통과 공감, 그리고 배려를 몸에 익히는 덕스러운 모습으로 변화해갈 것이다.

아이가 창의력이 없는 진짜 이유

질문하는 부모,

기다리는 교사가 필요하다

설립된 지 309주년이 되던 1945년, 미국의 하버드 대학이 장차 도래할 정보화 사회를 예견하면서 전면적인 교육개혁을 단행하였을 때, 글로벌리더가 갖추어야 할 첫 번째 능력요소로 강조한 것은 다름 아닌 '창의력의 배양'이었다. 창의성 교육은 70여 년이 지난 오늘날에도 미국은 물론 전 세계, 모든 나라에서 가장 중요하게 여기는 교육의 목표 중 하나로 자리 잡았다. 그런데 교육전문가들은 서구사회보다 우리나라의 학생들이 특히나 창의력이 부족하다고 이구동성으로 지적한다. 왜 그럴까?

내가 대학에 막 임용되었을 때에 '교수법' 강의를 들은 적이 있다. 교수는 이미 자신이 자신의 전공에서 최고의 전문가라고 자부하지만, 교수법에 대해서 체계적인 교육을 받지 않는 경우가 많다. 당시 강사는 내가 하는 수업을 참관하면서 수업 내용을 녹화하여 나에게 보여주고, 적절한 피드백을 해주었다. 교수법 강의에서는 매우 일반적인 내용들이 다루어졌고, 그것을 듣는 나는 그 내용을 그리 대단하게 여기지 않았다. 예컨대, 학생들에게 일방적으로 주입하는 것은 적절하지 않고, 수업 중 질문을 자주 던지라는 것, 그리고 학생들이 대답할 수 있도록 충분한 시간을 주라는 것이었다. 또한 질문을 던지면 최소한 5초는 학생들에게 그 질문의 답에 대하여 생각할 시간을 주라는 내용이었다. 그런데 그러한 내용을 대수롭지 않게 생각하던 나는 내 강의를 녹화한 영상을 보고 놀라지 않을 수 없었다. 내가 받은 피드백 중 하나는 내가 수업 시간 중 학생들에게 질문한 후 전혀 기다리지 않고, 정답을 곧바로 이야기하는 경향이 있다는 것이었다. 순간 나는 발끈하였으나, 단 한 번도 5초 이상을 기다린 적이 없음을 영상으로 확인하고나니, 새삼 나 자신에 대하여 놀라지 않을 수 없었다.

1
기다리지 못하는 교육의 결과

교수법 강의를 들은 후, 수업시간에 질문을 하고 대답이 없는 학생들을 5초 이상 기다려보고자 하였으나, 이는 결코 쉬운 일이 아니었다. 교수법 강의를 들을 때만 해도 5초 정도가 아니라, 50초라도 기다려 줄 수 있으리라 생각했지만 현장에서의 5초란 시간은 마치 수업 중에 5분간 휴식하는 시간과도 맞먹는 길이로 느껴졌다.

선생이 기다리지 못하고 정답을 먼저 이야기해 주는 패턴을 반복하면 학생들이 기대하는 것은 너무나도 뻔하다. 어차피 선생이 주는 정답을 그저 잠시 기다리기만 하면 된다. 미리 생각할 필요도 없고, 위험을 무릅쓰고 답을 먼저 제시할 필요도 없다.

그래서 생각하는 과정을 강조하기보다는 정답을 찍어주는 교육을 받아 온 아이들은 스스로 답을 찾아가는, 문제풀이과정을 적어야 하는 시험을 가장 어려워한다. 이러한 사실이 단지 생각하기 싫어하는 아이들의 문제이기만 할까?

질문에 스스로 대답할 수 있는 시간을 충분히 주는 선생이 없고, 시험 범위 내 진도를 끝마치는 일에 급급한 선생만 있다면, 아이들이 스스로 대답을 해야 하는 질문에 익숙하기보다는 시험의 정답을 맞히는 일에만 관심을 가지기 마련이다.

대학에서 새내기 대학생을 위한 과목을 가르치다가 보면, 소위 '고4'(고등학교 4학년)라고 부르는 학생들의 태도를 경험하게 된다. 중간고사나 기말고사 때 시험 범위를 줄여달라든지, 아니면 족보(이전에 동일한 과목에서 냈던 문제)에서 출제되느냐 등의 질문을 한다. 물론 중·고등학교 시절 내내 몸에 익힌 학습 태도를 대학 캠퍼스에서 공부한다고 어찌 그리 쉽게 바꿀 수 있겠는가? 그러나 그럴 때마다 나는, 대학에 들어와서 이들이 시작하는 공부는 이전의 것과는 전혀 다른 것이라고 힘주어 강조하곤 한다. 그런데 달라져야 한다면 '어떻게' 달라져야 한다는 말인가?

그래서 나는 그동안의 공부가 주로 정답을 찾는 공부였다면, 이제부터는 새로운 질문을 만드는 공부를 하라고 당부한다. 남이 주는 답에 목숨 거는 일이 이제까지 공부하는 방법이었다면, 이제는 주어진 답도 의심해 보고, 심지어 학문의 대가들이 내린 결론에도 이의를 제기할 수 있는 학문적인 도전정신이 필요하다고 강조한다.

학교에서 아이들에게 질문을 던지는 일은 매우 중요하다. 하지만, 앞서 다룬 것처럼 그것보다 더 중요한 것은 그 질문에 스스로 끙끙대는 시간을 충분히 허용하는 일이다. 5초 정도가 아니라, 하루 정도라도 허용할 수 있어야 한다.

미국 유학시절, 나는 한국에서는 경험해 보지 못한 시험의 형태를 경험할 수 있었다. 그것은 최소 반나절 혹은 24시간을 주고 집에서 충분히 고민하여 답지를 만들어 제출하는 '테이크 홈 시험Take Home Exam'이라는 것이었다.

주어진 시간 내에 모국어가 아닌 영어로 답을 써내야 하는 시험에 두려움을 갖고 있던 나 같은 유학생에게는 분명 심리적 안정감을 주는 시험임에 틀림없었다. 처음에는 그저 나처럼 시험에 울렁증이 있는 사람을 위한 배려에서 비롯한 시험인가 하는 막연한 생각을 했다. 그러나 훗날 나는 이러한 시험이 학생의 창의력을 고무시키고, 대안적인 방법을 구상할 수 있는 역량을 가늠하기 위해 특별히 고안한 시험이란 점을 알게 되었다.

질문을 던지고, 여러 시간 동안 학생들로 하여금 고심하게 만드는 이러한 시험의 답안지에는 많은 대안들이 등장하게 마련이다. 심지어 나와 같은 유학생들에게도 충분한 시간을 주어 고민하게 했더니, 최대한의 창의력을 발휘하여 서양인의 관점이 아닌, 나만의 대안을 찾게 되는 경험을 하기도 했다. 모두에게 '꼭 맞는' 정답正答이 중요한 것이 아니라, 각자의 문제를 '풀어가는' 해답解答이 중요하다는 인식이 생긴 것이다.

그런데 중·고등학교에서 이러한 테이크 홈 시험을 자주 치르지 못하는 이유는 기본 교과목에 대한 학생들의 숙지능력이 저하된다고 믿기 때문이다. 집에 가서 답안을 써오게 하면, 공부는 하지않고 책에 있는 내용만 그대로 베껴올 것이 분명하기 때문에 이러한 시험형태로는 학생들의 학습능력이 저하된다고 생각하기 쉬운 것이다.

물론, 질문의 형태에 따라 그러한 문제가 발생할 수도 있다. 단순히 화학의 원소기호를 묻는 문제라면 당연히 테이크 홈 시험으로는 적절하지 않다. 그러나 교과서에 나와 있지 않은 난제를 창의적으로 푸는 문제는 교과서를 참조하는 일과는 별개로 고도의 '발산적 사고력Divergent Thinking'을 요구한다.

이러한 창의적 문제의 해결 능력은 시간 내에 풀라고 닦달하기보다 충분한 시간을 줄 때 가능하다. 우리 아이들에게 창의력이 부족하다면, 아마도 그 이유는 그들의 타고난 능력이 부족해서가 아니라 우리의 교육환경이 아이들의 창의력이 발현될 수 있도록 충분히 기다려 주지 못해서는 아닐까?

2
창의력을 위한 질문을 묻는 법

언제부터인지 나는 대학교육에서 창의력을 함양하기 위한 시험방식을 고민하기 시작했다. 학부 학생들에게 종교현상에 대한 심리학적 접근을 다루는 〈종교심리학〉 과목을 자주 가르치곤 했는데, 심리학의 역사를 가르치는 대목에서 심리학자들의 이름을 질문하고, 그들의 이론을 묻는 문제는 창의력과는 무관하다고 생각했다.
나는 내가 가르치는 과목의 내용을 명확히 숙지하는 것보다 해당 과목을 어떻게 자신의 미래 직업이나 삶에 적용·가능하게 할 것인지 연결해 보는 사고가 더욱 중요하다고 믿었다. 그래서 책이나 필기노트를 전부 꺼내 놓고 치르는 '오픈 북 테스트Open Book Test'의 형태로 시험을 보기 시작했다.
물론 책을 찾아보고 바로 쓰면 되는 단순한 단답식 문제는 내지 않았다. 최근 한국사회에 일어난 여러 가지 사건들을 학기 중 배운 심리학의 접근들로 해석하고 전략을 제시하는 문제를 출제하였다. 책의 내용만 적고 마는 학생들도 종종 경험했지만, 과목에서 접한 기본 내용을 바탕으로 뛰어난 창의성을 발휘하여 문제를 해결해 가는 학생들도 자주 볼 수 있었다.
내가 가르치는 과목의 평가방식을 어려워하는 학생들은 자연스럽게 수강하지 않았겠지만, 수강한 학생들은 스스로 이 수업에 적응하기 시작했다. 그런 학생들은 과목의 세세한 내용을 익히기보다는 큰 줄기의 맥을 짚고자 했다.

수업 중에도 현실의 경험과 심리학적 이론을 연결하고자 하는 관계적 사고Relative Thinking에 대해 묻고 답했다. 시간이 흐르자 시험 질문을 제시하는 교수처럼 학생들이 의문점을 가지고 질문을 던지기 시작했다. 최근 눈에 띄는 종교 현상과 심리적인 현상을 찾아보기도 하고, 이에 대한 분석과 해석적인 의미를 자주 고민하면서 질문했다. 그리고 기말고사에서 이들의 답안에는 다른 학생에 비해 창의력이 풍성하게 드러난 것을 볼 수 있었다.

그 시험 중, 아직도 기억에 남는 기말고사 시험이 하나 있는데 그것은, '당신이 중학생을 상대로 종교심리학 과목을 10주 동안 강의한다면, 어떤 커리큘럼과 과제 등을 부과하면서 가르칠 것인지 논술하시오'였다. 물론 나는 '중학생을 위한 종교심리학'이란 주제를 수업 시간 중에 전혀 다루지 않았다.

하지만 현실에서 이러한 일들이 충분히 일어날 수도 있고, 이럴 때 학생들은 자신이 수강한 본 과목의 지식과 경험을 충분히 활용할 수 있어야 할 것이다. 중학생의 인지발달과 종교발달에 대한 지식도 참고 하여야 하고, 자신이 배운 내용을 그대로 가르치려고 시도하기보다는 중학생의 관점에서 꼭 필요한 주제들로 재구성해야 할 것이다. 다행히 내가 수업 시간에 직접 가르친 내용을 그대로 답안에 써주기를 기대할 것이라고 믿는 학생들은 없었다. 최대한 자신의 관점에서 과목을 재구성하였고, 그중에 무릎을 칠 만큼 창의력 넘치는 답안들도 많았다.

심지어 어느 학기에는 '해당 과목에서 자신이 꼭 필요하다고 생각하는 창의적인 질문 세 가지를 제시하고 그 답안을 작성하시오'라는 문제를 낸 적도 있었다. 너무 쉬운 문제라고 생각한 학생들은 쾌재를 부르면서 자신이 공부한 내용을 묻고 답하기도 했다.

하지만, '창의적인 질문'을 제시하라는 지시를 눈여겨본 학생들은 질문 작성에 심혈을 기울였다. 교수인 나 자신이 보기에도 상상조차 할 수 없었던 기발하고 창조적인 질문들이 등장하기도 했다. 학생들이 작성한 질문만 보더라도, 이들의 고민 수준과 얼마나 관계적이고 발산적 사고를 개진하고 있는지 미루어 짐작할 수 있었다.

미국 중부의 명문 대학 중, 시카고 대학교University of Chicago라는 곳이 있다. 이 대학의 자부심은 남다르다. 동부의 아이비리그 명문대 학생들이라도 소수만이 시카고 대학에 입학허가를 받을 수 있다고 믿을 정도다. 어떻게 하면 시카고 대학에 입학 허가를 받을 수 있을까?

미국 대학교의 학부입학에서 가장 중요한 것 중 하나가 에세이 작성이다. 보통은 자신의 가정이나 문화적 배경, 목표를 이룬 경험, 장애를 극복한 사례 등을 묻는 일반적인 에세이를 쓰게 하는 경우가 대부분이다. 물론 이 에세이를 한국의 '자소서자기소개서'와 같이 업적 중심으로 단순하게 서술하면 불합격은 따 놓은 당상이다. 자신만의 창의적인 서술방법으로 써야만 미국 명문대학의 합격률은 높아진다.
그런데 시카고 대학은 학생이 써 낸 에세이뿐만 아니라 대학이 출제하는 입학 에세이 문제조차도 너무나 기발하다. 모두가 상상을 초월하는 문제다. 지원하는 다른 대학의 에세이를 조금씩 고쳐서 제출하는 것은 거의 불가능할 만큼 창의적인 문제다. 예컨대, 몇 해 전 문제는 단 한 문장이었다. 'What's so odd about odd numbers?' 번역하자면, '홀수는 무엇이 그렇게 이상한가?'이다. 여기서 '홀수Odd Number'라는 영어 단어의 'odd'는 형용사로 '이상한'이란 뜻을 가지고 있기에 나온 문제다. 기발하다 못해 기가 막힌다.
그리고 이 대학의 입학 에세이 문제는 모두, 시카고 대학의 재학생이나 졸업생들이 출제하는 것을 아는가? 심지어 시카고 대학은 문제 출제자인 재학생의 실명까지 밝힌다. '홀수'에 관한 위의 문제는 2009년에 졸업한 '마리오 로사스코Mario Rosasco'란 학생이 낸 문제다. 입학 때부터 남다른 창의적 사고를 해 온 학생들을 애써 선발해 온 시카고 대학의 전통이 바로 이 대학을 짧은 시간 내에 미국 최고의 명문사학으로 만든 힘이란 점을 명심해야 한다.

우수한 창의력을 가진 아이들은 대안제시를 특별하게 할 뿐만 아니라, 질문을 특별하게 만들 수 있는 아이들이다. 질문의 수준이 아이의 창의력을 좌우한다. 어쩌면 즉답과 뻔한 답을 요구하는 교육 문화가 아이들의 창의력을 저하시켰는지도 모른다. 아이들이 답변을 찾기 위하여 스스로 질문할 수 있는 충분한 시간과 기회를 주는 것, 다른 방법을 고민하면서 끙끙댈 수 있도록 기다려 주는 일 등은 아이들의 숨겨진 창의력을 발현시키는 지름길이다.

3
창의력도 연습하면 생긴다?

나는 창의력이 타고난 기질의 문제라고 생각하지 않는다. 창의적인 사고를 할 수 있는 이들은 타고나는 것이 아니라, 창의적으로 사고하는 습관을 지니고 사는 이들이라 믿기 때문이다. 흔히 비판적 사고는 인간의 좌뇌에서 이루어지고, 창의적 사고는 우뇌에서 이루어진다고들 말한다. 하지만 인간의 뇌가 두부 자르듯이 좌우가 구분할 수 있어 서로 무관하게 작동하지 않는다는 것은 분명하다.

비판적 사고는 창의적 사고에 기본이 된다. 비판적이지 않으면 창의적일 수 없다. 비판적 사고와 창의적 사고는 동시에 가능할까?

어느 대학 교수에게나 비판적 사고와 창의적 사고는 학문 정신의 두 기둥이라고 할 수 있다. 언뜻 보기엔 좌뇌와 우뇌의 균형감 있는 발달을 의미하는 두 마리 토끼처럼 보인다. 나는 이 두 사고 모두 질문을 다루는 능력에서 비롯된다고 믿는다.

학생들에게 나는 비판적 사고 형성을 위한 독서과제를 부여하곤 한다. 학생들에게 교수가 집필한 교재나 학문적 대가들의 역작을 읽고 비판하라고 하면 학생들의 맥은 이미 풀려버린다. 이해하기도 힘든 책을 어찌 비판까지 하란 말인가? 이에 학생들은 아예 포기하고 그저 요약만이라도 잘 해야겠다고 목표를 내려 잡기 일쑤다.

실은 나 역시도 유학 시절, 대가들의 책을 비판하라고 하면 시대 배경이 달라서 생긴 적용의 어려움 등을 찾는 것 말고는 좀처럼 비판적 사고를 개진하기 힘들어 했던 경험이 있다. 그렇다면, 우리 한국 학생들이 이런 비판적 사고를 펼치기 어려운 이유는 과연 무엇일까? 한국 학생들에게 어느 문헌을 읽고 비판하라고 하면, 저자의 정답에만 관심을 가진다. 정답은 오직 하나만 존재하고, 저자가 가지고 있는 답이 바로 정답이다. 대신 저자가 묻는 질문에는 관심을 가지지 않는다는 말이다.

하지만 저자가 어떤 질문을 하는지가 더 중요하다. 나는 학생들에게 질문을 꼭 분석하여 보기를 주문한다. 저자는 어떤 질문을 하는가? 그 질문에 대해 어떤 답이 나오는가? 저자가 애초에 물은 질문들 중 종반에 가서 대답하지 않은 질문도 있는가? 질문 중 더욱 세밀하게 물어야 할 질문은 없는가? 질문에 대한 분석은 그 자체가 비판적 사고의 시작이다. 비판적 사고란 질문을 다시 묻는 것이기 때문이다. 즉, 주어진 '정답'을 바꿔치기하는 일이라기보다 더욱 다양한 '해답들'을 찾아가는 일이 비판적 사고인 것이다. 이 세상에 단 한 가지 정답만 존재한다고 믿기보다는, 누구나 각자의 방식으로 해답을 찾아가는 과정이 중요하다고 믿는 전제가 있어야 가능한 사고다.

아무리 세계적인 대가의 글을 읽어도 비판적 사고는 언제나 가능하다. 나는 나의 학생들이 그 대가들의 질문을 분석하기 시작하면서 보다 비판적인 사고를 하게 되는 경험을 지켜보아 왔다. 누구라도 대가들의 해답을 완전히 갈아엎으라고 하면 우물쭈물 하겠지만, 그럴 땐 일단 대가들이 제시하고 있는 '연구 질문들'부터 적어보게 한다. 그리고 그 질문들이 주어진 글에서 충분히 대답되지 않는 점들을 찾아내도록 한다. 마지막으로는 학생 스스로 새로운 질문들을 만들어 가도록 하면, 자신도 모르는 사이에 비판적 독서에 입문하게 된다.

이렇게 해답보다 '질문'에 대해 꾸준히 관심을 가지다 보면 자연스레 비판적인 사고를 습득해 갈 수 있다. 비판적인 사고를 연습하지 못하는 아이는 정답이 전제된 질문을 너무 많이 접하는 환경에서 자랐을 가능성이 높다.

"그렇게 누워서 공부하지 말라고 했어, 안 했어?" 이런 질문의 답은 항상 뻔하다. 이렇게 정답이 뻔한 질문에 익숙한 아이는 질문에는 전혀 관심을 가질 수 없다. 바로 꼬리를 내리고 죄송하다고 답한다. 하지만 "엄마가 누워서 공부하지 말라고 하는 이유가 뭘까?"라는 질문은 조금 다르다. 아이로부터 약간 생각하게 하기 때문이다.

왜 엄마는 누워서 공부하지 말라고 하시는 걸까? 자세가 보기 싫어서인가? 허리를 다칠까 봐? 공부의 효율성 때문인가? 엄마가 앉아서 공부해야 하는 이유를 차분하게 물으면, 이는 단순히 "예" 혹은 "아니요"로 급하게 답할 수 없게 만든다. 대답을 재촉해서도 안 된다. 스스로 충분히 생각하고 해답을 찾게 하는 시간의 여유도 함께 주어야 한다.

이런 질문을 끝이 열려있는 '개방형 질문Open-Ended Question'이라고 한다. "예" 혹은 "아니요"로 답할 수밖에 없는 폐쇄형 질문과는 달리, 정답이 정해져 있지 않기 때문에 참 좋은 질문이라 할 수 있다. 개방형 질문을 하게 되면 대답하는 이에게 시간이 주어지고 결국 자신만의 사고가 서서히 활성화되기 때문이다.

엄마가 허리에 무리가 될까 봐 누워서 하지 말라고 한다면, 책상에 앉아서 해야만 한다. 하지만 공부의 효율성 때문이라면, 누워서 할 때 오히려 효율이 나는 암기과목이 있다고 가정해보라. 누워서 하는 게 무조건 나쁜 것만은 아닐 것이다. 주어진 과목에 따라, 혹은 내 몸 상태에 따라 그때 그때마다 적절한 선택을 할 수 있도록 하는 것이 중요하다.

개방형 질문을 통하여 자신만의 대안을 찾을 때 창의적 사고도 가능해진다. 대가의 글을 읽을지라도 정답이 아니라 질문에 관심을 가지면 자꾸 자신만의 질문을 하게 되고 대안을 찾게 되는 것이다. 창의적인 사고는 저자가 제시한 한 가지 정답을 물고 늘어지는 것이 아니라, 새로운 질문을 묻고 또 다른 해답의 가능성으로 확산되는 가지치기다.

나는 학생들에게 아무리 훌륭한 대가의 글을 읽을지라도 자신이 그 글을 다시 쓴다면, 다시 말해서 자신이 저자가 되어 개정판을 낸다면 어떤 내용을 첨가할 것인지 묻는다. 질문이 새로워지면, 당연히 새로운 관점의 연구와 대안이 제시되어야 하고, 훌륭한 글도 늘 새로이 개정되어야 하기 때문이다. 그랬더니 비판하라고 하면, '나 같은 미물이 어떻게…….' 라고 주저했던 학생들도 자신만의 개정판을 위한 진술을 하기 시작했다.

전혀 비판적이지도 창의적이지도 않을 것 같던 나의 학생들은 이러한 새로운 '독서 보고방법'을 익히고 나면 정말 몰라볼 정도로 달라진다. 무엇보다 교수가 비판적이고 창의적인 독서와 글쓰기를 하라고 요청할 때 생기는 모호함과 무력감에서 벗어날 수 있도록 돕는 것이 중요한 길잡이가 되었던 것 같다.

놀랍게도 학부 시절, 이런 비판적 독서방식을 익히고 연습하면, 대학을 졸업할 때쯤이면 석학들의 주장도 과감하게 비판하고 창의적인 대안을 제시하는 학생들로 성장해 있었다. 대학원에서 보다 집중적으로 질문을 분석하고, 자신만의 질문을 재창조하는 습관을 몸에 익히면, 졸업할 때 교수도 깜짝 놀랄 청출어람 제자들이 생겨난다. 하지만 이는 결코 놀랄 일이 아니다. 원래 비판의식도 그리고 창의성도 오랜 연습과 습관의 산물이기 때문이다.

4
대입 논술시험 준비, 부모의 대화부터 바꿔라

자녀의 비판의식과 창의성 계발을 남에게 맡겨두는 것은 위험한 일이다. 이는 학교의 몫도 아니요, 학원의 몫은 더더욱 아니다. 일상생활에서 부모와의 대화에서도 이런 사고능력과 창의성이 자라고 있다는 점을 알아야 한다.

흔히 기성세대들은 요즘 청소년들이 '결정 장애'를 앓고 있다고 말하곤 한다. 학생들이 무엇 하나 혼자 결정을 하지 못하는 세태를 꼬집어 하는 말이다. 선택하고 결정하기 위해서는 곰곰이 생각할 시간과 역량이 필요하다. 그런데 우리 청소년들은 스스로 사고할 틈도 없이 학교, 학원, 집을 떠돌아다닌다. 결국 그렇게 자라나는 동안 자신의 생각이나, 선택 따위는 중요하지 않게 되었다. 스스로 생각하기보다는 누군가를 따라 하는 것이 몸에 밴 것이다.

누구 탓인지 모르겠다. 하지만 지금부터라도 가정에서 가족들이 도와줄 부분이 분명히 있음을 아는 것이 중요하다. 자꾸 질문해야 한다. 단, 질문의 정답을 전제하지 말고, 아이들의 해답을 충분히 경청하고 인정해 주는 것이 중요하다.

오래전부터 심리학자들은 아동의 창의성 검사와 지능 검사의 고득점자들이 서로 전혀 다를 수도 있다는 점을 인식해 왔다. 지능이 높은 아이들이 다 창의성까지 높은 것은 아니란 말이다. 오히려 반대의 경우가 더 많다. 창의성이 아주 높은 아이가 꼭 지능지수도 높지는 않다는 말이다.

보통 우리는 아이의 높은 지능지수가 엄마와 아빠의 지능지수와 연관성이 높을 것이라는 가설을 세운다. 완전히 틀린 가설은 아니다. 엄마와 아빠의 지능지수를 어느 정도 유전적으로 물려받을 수는 있다. 그리고 부모의 학력 수준이 높은 가정의 아이들이 상대적으로 지능지수가 높다는 결과가 많다. 아마도 고학력 부모가 아이에게 어릴 적부터 학습에 대한 높은 기대치와 목표를 설정할 가능성이 높기 때문일 것이다. 하지만 오히려 이런 가정에서 창의성이 높은 아이가 자라기 어렵다는 것은 어떻게 설명할 수 있을까?

자녀의 창의성은 부모의 학력 수준이 높지 않고, 부모가 자녀의 학업에 대한 주도성도 낮은 가정에서 훨씬 활발하게 길러진다는 연구 결과가 있다. 부모가 자녀의 학업에 관심과 지나친 강요가 없을수록 자녀의 창의성이 높아진다고 하면, 이해 못 할 부모도 많을 듯싶다.

사실, 창의성이 높은 자녀들의 부모는 한 가지 정답을 무리하게 제시하지 않는 부모다. 어쩌면 제시하지 않는 게 아니라, 제시하지 못하는 경우일 수도 있으리라. 그래서 아이에게 질문하는 횟수가 많아질 수도 있다. 엄마와 아빠도 어떻게 공부하는 게 정석인 줄 모를 때, 아이에게 진지하게 묻고 아이에게 자율적으로 맡길 수 있다.

어쩌면 고학력 부모일수록 명문대에 진학 못하면 자녀의 인생이 끝난다고 생각하여 자녀를 공부로 밀어붙이기 십상이다. 대학이 인생의 전부는 아니라고 말은 하지만, 이런 부모의 인생에는 정답만 존재하고, 답은 늘 단 한 가지다. 그리고 이 정답은 오직 부모의 답인 경우가 대부분이다. 아이에게 꼭 공부해야 할 이유를 진지하게 묻는 질문 따위는 애초부터 존재하지 않는다.

부모의 사전에는 명령문만 존재한다. "제발 공부 좀 해라! 좋은 말로 할 때, 스마트폰 그만해라!" 등등. 웬만하면 대화 중에 의문형을 쓰지 않는다. 굳이 써야 할 때가 있다면, 야단칠 때 정도이다. "너, 왜 그래? 완전 미친 것 아니야?"

부모들의 사전에 자녀가 스스로 생각하도록 하는 진지한 질문이 많아질수록 아이들은 생각이 늘어난다. 스스로 생각하다 보면, 새로운 질문이 꼬리에 꼬리를 물고 일어난다. 그래서 비판적인 생각도 할 수 있게 되고, 창의적인 대안도 찾게 되는 것이다. 그러므로 이러한 대화의 물꼬를 트기 위해서는 가정에서 부모의 노력이 절실히 필요하다.

명령 하고 싶을 때마다 먼저 물어보라. 그리고 생각할 수 있도록 시간을 줘보자. 그것이 자녀 스스로 해답을 찾도록 하는 매우 느린 방법이긴 하지만, 비판적이고 창의적인 사고 함양을 위한 첫 단추임에 틀림없다. "네가 하루 중 스마트폰을 한 시간만 줄일 수 있는 방법은 무얼까? 혹시 네가 스스로 찾아내서 엄마한테 알려줄래?"

대학 입시 전형에 등장하는 논술시험도 실은, 비판적이면서 창의적인 사고를 할 수 있는지 가늠하려는 시험이다. 주어진 본문에 나오는 저자들의 질문을 잘 이해해야 하고, 다른 본문의 저자들이 하는 질문과 비교할 수 있어야 한다. 지문들에서 제시된 정답을 비교하는 것이 아니라, 질문을 비교해야 하는 것이다.

논술시험은 모두에게 어려운 시험이다. 왜 그런지 이유를 아는가? 우리 아이들이 질문이 아니라, 저자들이 제시하는 정답과 결론에만 줄을 긋고 읽어대기 때문에 지문 간의 차이를 발견하지 못하고 미궁에 빠지는 것이다.

대학 입시 논술시험은 질문의 구조에 집중하게 하고, 해답이 주어지는 과정을 충분히 생각하도록 하는 습관에 익숙지 않은 학생들에게는 늘 어렵고 난감한 시험이다.

대학에서 근무하다 보니, 도대체 논술시험에는 어떻게 답을 써야 좋은 점수를 받는지 묻는 분들이 많다. 좋은 점수를 받으려면 '비판적 사고[좌뇌]'와 '창의적 사고[우뇌]'라는 두 마리 토끼를 모두 잡아야 한다. 일단 주어진 질문을 충분히 분석할 수 있는 능력이 증명되면 비판적 사고에 좋은 점수를 받게 된다. 지문에 등장하는 사상가들의 해법을 넘어, 수험생 자신만의 새로운 질문과 대안까지 제시할 수만 있다면 더없이 좋다. 더불어 창의성에도 보너스 점수를 받게 된다. 하지만 안타깝게도 그렇지 못한 학생들이 대부분이다.

대한민국의 교수들 정도면 논술 학원에서 제시하는 모범답안을 달달 암기하여 적는 수험생들의 답안을 구별해 낼 수 있는 혜안을 갖고 있음을 기억해야 한다. 비판적이고 창의적인 리더를 선발하기 위한 대학의 논술시험, 절대로 좋은 학원 보내는 것이 능사가 아니다.
가정에서 아이들에게 전혀 묻지 않고, 아이가 토를 달면 말대꾸하지 말라고 밀어붙이는 부모에게서는 결단코 비판적 사고와 창의적 사고를 할 수 있는 인물은 나올 수 없음을 기억하자. 쉽지는 않겠지만, 우리의 자녀들을 21세기를 이끌어갈 글로벌 리더로 키우기를 꿈꾼다면, 지금 당장 대화하는 방법부터 바꾸어 보자.

대한민국 '중2병'이 생긴 진짜 이유

불안한 부모에게는

보이지 않는 내면의 비밀

여러 해 전, 한 라디오 방송의 '부모학교'라는 코너에 고정 출연한 적이 있었다. 당시 프로그램을 담당했던 프로듀서는 내게 출연을 섭외하면서 코너를 만든 목적에 대해 다음과 같은 말을 했던 기억이 생생하다. '아이들의 문제행동은 알고 보면 실은 아이들에게 주원인이 있지 않다는 점'을 알려주자는 것이었다. 아이들의 문제는 부모의 오해나, 촉발 행동이 있었음을 부모에게 교육할 필요가 있어서, 코너 이름도 '부모학교'라고 지은 것이라고 설명했다. 구구절절 맞는 이야기라, 주저하지 않고 출연을 결정했었다.

당시 다루었던 주제가 많이 있었지만, 프로듀서의 의도에 가장 맞는 주제가 당시 유행처럼 번졌던 '중2병'에 관한 사례였다. 누가 처음 이런 병명을 붙였을까? 누군가 재미 삼아 만들어낸 말이겠지만, '중2'들이 무서워서 북한이 남한으로 침략을 하지 못한다는 둥, 어느 집 현관문에는 '개조심' 대신 '중2조심'이라고 써 붙어있다는 둥 우스갯소리도 난무했다.

분명한 것은 '중2병'은 중학교 2학년생을 바라보는 부모나 기성세대의 시각을 반영한다는 것이다. 갑자기 멀쩡했던 아이가 중학교 2학년이 되더니 예전에 없던 '질병'(?)이 발생했다는 이야기가 되니 말이다. 그리고 마치 병명처럼 말하는 걸 보면, 중학교 2학년생들의 말이나, 행동을 결코 정상적인 발달단계로 이해하기보다는 병리적으로 문제 삼는 시각이 강하다. 과연 이런 시각은 중학교 2학년생들의 경험을 정확하게 진단한 것일까?

1

갑자기 어른이 되는 아이들

갓난아이는 1살이 되기 전까지 어마어마한 성장을 이룬다. 이를 '성장급등Growth Spurt'이라 한다. 태어나 부모의 품에 안겼던 아이가 갑자기 1미터에 가까운 키가 된다면, 2배도 훨씬 넘는 성장이다.

영아기 시기가 지나고 나면, 인간의 신장은 일 년 동안 2배가 넘는 성장을 할 수 없다. 하지만 두 번째 성장급등은 사춘기 때 찾아온다. 사춘기 아이들은 단 한 달 만에 3~4센티미터가 크기도 한다. 마냥 초등학생 같던 아이들이 키도 훌쩍 크고 골격도 성인처럼 변해간다. 그리고 성호르몬이 증가하고 생식능력이 생기기 시작하는 때도 바로 이때다.

일반적으로 성장급등은 여자아이에게 먼저 나타난다. 여자아이는 초등학교 4~6학년 때 폭발적으로 성장하는 경향이 있고, 남자아이는 초등학교 5학년 때부터 중학교 1학년 때 빠르게 성장한다. 초등학교 4~5학년 때 일시적으로 여자아이들이 같은 학급 동급생 남자아이들보다 평균 신장이 커지는 경우도 이 때문이다.

초등학교 고학년 때, 여자아이들이 동급생 남자아이들의 정신 수준을 자신들보다 훨씬 낮게 여기고, '아이' 취급하는 것도 신체의 급격한 성장과 무관하지 않다. 요즘 여자아이들은 대부분 초등학교 시절 초경을 경험한다. 여자아이의 초경은 절대로 신체적 변화만을 의미하지 않는다. 아이의 몸은 아직 소녀이지만, 초경에 대한 경험으로 애 같던 여자아이가 갑자기 '여인'의 마음을 가지게 한다.

급격한 신체적 변화와 성性적 특징의 등장은 사춘기 아이들에게 어마어마한 심리적 변화를 동반하게 한다. 신체의 급격한 변화가 갑자기 훌쩍 어른이 된 기분이 들게 하는 것이다. 심리적으로는 더 이상 엄마, 아빠의 돌봄이 필요한 아이로 살 수 없다고 생각한다. 초경을 시작한 여자아이의 눈에 동급생 남자아이들이 철부지 아이처럼 보이는 것도 어쩌면 당연한 일인지 모른다.

청소년 발달을 연구하는 학자들이 재미있는 실험을 했다. 초경을 하기 직전 초등학생 여자아이에게 자신을 그려보라 하면 소녀처럼 그린다. 양쪽 머리를 땋고, 멜빵바지를 입은 귀여운 만화영화 여주인공처럼 말이다. 그런데 불과 몇 달 후, 초경을 한 여자아이에게 다시 자신의 모습을 그려보라고 요청하면 어떤 그림을 그릴까? 분명히 자신의 겉모습은 별다른 변화가 보이지 않는데도, 초경 후 자신의 모습을 그린 그림에는 갑자기 모델 같은 섹시한 여인이 등장한다. 머리를 풀어헤치고, 가슴 굴곡도 생긴다. 이유가 뭘까? 갑자기 아이에게 과대망상증이라도 생긴 것일까?

사춘기의 신체 변화는 우리 아이들에게 심리적으로 독립을 꿈꾸게 한다. 예전에는 엄마와 아빠에게 속한 아이였다면, 성장급등 후의 아이는 스스로 존재하는 독립적인 인격체로 스스로를 느끼기 시작한다. 물론 아직 부모의 용돈을 받아 써야 하는 처지다. 그러나 최소한 심리적으로는 부모의 간섭 없이 스스로 존재하는 독립을 꿈꾼다. 그리고 갑자기 안 하던 말대꾸를 할 때도 이때다. 갑자기 아이 취급을 하면 소리를 버럭 지르는 것도 바로 이때다. 보이지 않는 독립전쟁의 선전포고인데, 부모는 전혀 감지하지 못할 때가 많다. 부모는 심리적 독립을 경제적인 독립이나 사회적인 독립과 따로 구별해 이해하는 능력이 충분치 않기 때문이다.

아들이 초등학교 5학년 때 일이다. 어느 추운 겨울날, 아들이 약 500미터 쯤 걸어가는 등교 길을 나와 함께 가자고 졸랐다. 나는 오랜만에 아들과 손을 꼭 잡고 등굣길을 함께 했다. 한참을 즐겁게 대화를 나누며 걷던 아들이 초등학교가 눈앞에 보이기 시작할 때쯤부터 갑자기 잡은 손을 뿌리치기 시작했다. 나는 아무 생각 없이 손을 더 꽉 잡았더니, 아이는 눈까지 흘기면서 손을 빼라고 소리쳤다. '아차' 싶어서 손을 바로 뺐더니 아들은 이제 집으로 돌아가라고 말했다. 그리고 총총걸음으로 나와의 거리를 벌리더니, 학교 교문을 향해 쏜살같이 달려갔다. 아들에게 무슨 일이 있었던 것일까?

그런 상황이 된다면 보통의 아빠는 어안이 벙벙하고 배신감까지 들 수 있다. 그런데 이때 아이가 변덕을 부리거나, 예의가 없어서 바쁜 아빠를 가지고 놀았다고 생각하면 큰 오산이다. 그때 그 사건은 아들이 내게 처음으로 심리적으로 이젠 자신이 더는 아이가 아니라는 점을 알려준 일이었다. 그리고 그 날은 내 아들이 '남자'로 독립을 선언한 날이었다. 또래보다 유난히 발육이 빨랐던 아들은 이미 내 키에 육박하는 신장이 되어 있었다. 교문 앞에 이르면 여자아이들이 즐비하다. 이젠 '남자'인 내 아들이 여자아이들에게 아빠 손이나 꼭 잡고 다니는, 그런 '어린아이'와 같은 모습을 보일 수는 없는 일이었다. 나는 잽싸게 뒤돌아 아들 친구들에게 들키지 않게 집으로 돌아왔다.

2

아이의 독립선언을 축하하라

'심리적 독립'이란 무슨 의미일까? 독립이란 스스로 혼자 설 수 있다는 말이다. 아이가 스스로 선다는 것은 여러 가지로 해석할 수 있다. 아이가 자신의 힘으로 설 수 있는 나이가 된 것은 벌써 한참 전이다. 돌이 지나서 두 발로 서게 되었다고 독립이 완성되는 것은 결코 아니다. 이제 겨우 뒤뚱거리며 설 수 있게 되었을 뿐, 이 시기가 오히려 심리적으로는 엄마와 아빠에게 더욱 의존하는 때이다.
이때부터 엄마와 아빠의 존재가 자신의 생존에 얼마나 중요한지를 더욱 절실히 느끼기 시작한다. 누구나 신체적 독립을 어느 정도 이루었다 하더라도 부모로부터의 심리적 독립은 한참동안 연기된다.
원래 갓난아이는 엄마 품에 있을 때 가장 안전함을 느낀다. 그러던 아이가 자기 발로 온 세상을 뛰어다닐 수 있을 때부터 과감하게 신체적 독립을 꿈꿀 수 있다. 생후 18개월부터 3살까지, 소위 '토들러 Toddler'라는 시기에는 아이들이 신체적인 독립을 가장 누리고 싶어 하는 때다.
그래서 이때부터 그렇게 엄마 손을 꼭 잡던 아이가 손을 빼기 시작한다. 혼자 걷고, 혼자 뛰는 재미가 생기면 더욱 그렇다. 엄마는 불안해 죽겠는데, 아이는 "나 혼자 할 거야!"라는 말을 자꾸 해댄다. 처음으로 아이는 심리적으로도 부모에게서 독립을 꿈꾸기 시작한 것이다. 특히 남자아이는 더 심하다. 큰길이라도 나가게 되면 엄마의 마음은 더욱 불안해지기 시작한다.

아이의 심리적 독립은 과연 언제 이루어질까? 엄마가 아이를 어린이집이나 유치원에 보낼 시기가 되면, 대여섯 살쯤 먹은 아이는 처음으로 부모로부터 심리적으로도 독립할 수 있는 조건이 갖춰진다. 부모 없는 세상이 온 것이다. 거기서는 부모의 눈총 없이 무슨 일이라도 혼자 할 수 있을 것이라고 믿는다. 그런데 이마저도 쉽지 않다. 어린이집에 가면 또다시 보육교사의 제한적인 통제를 받을 수밖에 없기 때문이다.

아이의 입장에서 느끼고 생각해보자. 어른들의 통제를 받고, 내 신체도 내 마음대로 못하는 삶이 오랫동안 지속된다. 아이는 최대한 제한된 행복을 누리려면 부모와 어른들의 눈치를 잘 살펴야 한다. 부모가 원하는 바가 무엇인지 인식하는 힘도 이때 생긴다. 그나마 어떻게 해야 어른들을 안심시킬 수 있는지 숙지한 아이들은 부모로부터 통제를 덜 받을 수 있다. 하지만 완전한 심리적 독립은 무한대로 연기된다. 스스로 나이가 들어 어른이 되기 전에 독립이란 불가능하다고 느끼기 때문이다.

결국 아이는 어릴 적부터 욕구의 제한을 두면서 사는 법을 배운다. 이유는 간단하다. 엄마와 아빠 없이는 생존할 수 없다는 점을 뼈저리게 알고 있기 때문이다. 화가 나면 밥상을 한 번 세게 내려치고 싶은데, 그랬다가 끼니를 걸러본 아이라면 신체적 행위를 제한하는 법을 배우게 된다.

아이가 집을 나와 부모 몰래 딴짓을 한다 해도, 마음은 언제나 부모에게 가 있다. 심리적으로 아이는 철저하게 엄마와 아빠와 함께 사는 법을 배워왔기 때문이다. 신체적으로는 제한된 독립을 누리지만, 심리적으로는 철저하게 구속되어 있다고 느끼기 십상이다. 초등학생 시기에 이르면 아이들의 이런 느낌은 더 짙어진다. 엄마와 아빠의 잔소리가 심해지는 시기이기 때문이다. 숙제하라는 부모의 말을 듣지 않고 친구들과 놀아도, 마음은 왠지 편치 않다.

하기 싫은 공부를 해야 하는 일은 절대로 내키지 않는 일이지만, 부모의 눈 밖에 나지 않으려면 하는 척이라도 해야 한다. 내 몸뚱이를 움직일 수 있는 자유는 있지만, 내 일정을 내 마음대로 바꾸는 일은 불가능하다. 어떨 때 아이는 엄마라는 매니저가 짜놓은 일정에 아예 몸을 내맡기는 게 제일 속 편한 일이라는 생각이 들 정도다.

엄마와 아빠가 내 생활에 깊이 개입해 있다고 느끼는 초등학생 아이의 입장에서 아이가 가장 원하는 것이 무엇일까? 부모는 아이에게 이런 말로 푸념을 하곤 한다. “너도 나중에 부모가 되어보면, 내 속 타는 심정을 알게 될 거야!” 하지만 천만의 말씀이다. 아이가 바라는 건 빨리 부모가 되는 것이다. 부모가 되는 일, 어른이 되는 일은 신나는 일이다. 마음대로 살 수 있기 때문이다. 아이는 누구나 어른이 되면 자기 마음대로 살 수 있다고 믿는다.

이때 갑자기 몸이 성장하고 골격이나 체형, 목소리까지 어른처럼 변하고 성적인 징후가 나타나면 초등학생 아이는 갑자기 고대하던 꿈이 이루어진 기분이 된다. 아직 완전체는 아니지만, 부분적으로나마 아이는 어른이 된 환상에 빠지게 된다. 묘하게도 중학생이 되는 나이가 되면 아이들은 누구나 발달적으로 부모의 품을 넘어서 관계망이 점차 확대되는 것을 경험한다. 또래 친구와의 관계가 부모와의 관계보다 더 친밀하게 느끼는 것도 이 때문이다.

우리 아이는 중학생인데도 부모와 여전히 친밀하다고 좋아하는 부모가 있다. 물론 기쁜 일이다. 하지만 아이가 또래 친구와의 관계도 원만하다면 좋은 일이지만, 그 나이가 되어서도 또래 친구들과의 관계의 범위를 확대해 가지 않으면 큰일이다. 발달에 장애를 가진 자녀는 부모 이외의 사람들과는 친밀한 관계를 맺지 못하고 정상적인 사회생활에 어려움을 갖게 되는 경우가 있는데 이는 가장 극단적인 예라고 할 수 있다.
심리적인 독립선언을 하는 자녀에게 나타나는 첫 번째 징조는 사회적인 관계망의 확대다. 아이들의 심리적 독립은 가장 먼저 부모를 떠나는 일부터 시작된다. 이때, 자녀의 독립선언을 축하해 줄 수 있는 부모가 얼마나 될까? 축하는커녕, 충격을 느끼는 부모가 적지 않을 것이다. 늘 부모를 따르고 친밀감을 유지하던 자녀가 갑자기 친구들과만 시간을 보낸다고 섭섭해 하는 딱한 부모들이 은근히 많다. 중학교에 갓 입학한 아들이 여자 친구가 생겼다고 통보하면, 걱정과 불안이 몰려오면서 더 심한 일정확인에 들어가는 매니저 엄마들도 있을 수 있다.

오래전 일이다. 같은 동네에 살던 처형네 식구들과 주말마다 식사를 함께하곤 했다. 특히 어린 내 자녀들은 처형의 자녀들인 사촌 언니와 오빠를 잘 따르고 좋아했다. 마침 내게 함께 축하할 일이 생겨서 저녁 식사를 처형네 식구들과 함께 하기로 했다. 갈빗집에서 회식을 하는 중간에 중학생이 된 큰조카가 갑자기 급한 학교 숙제가 있어서 가야한다고 자리를 떴다. 식사 끝나고 형과 놀고 싶어 하던 우리 아들의 아쉬움이 컸지만, 다음에 보자고 인사를 하며 보냈다.
식사가 끝나고 헤어지기가 아쉬웠던 우리는 오랜만에 근처 찜질방에 가기로 했다. 찜질방에 가서 사우나도 즐기고, 시원한 식혜도 먹자며 자리를 옮겼다. 한참을 찜질방에서 머물고 있을 때쯤, 눈앞에 중학생 정도 되어 보이는 남학생들 대여섯 명이 몰려다니는 것이 눈에 띄었다. 낄낄 대며 건들거리고 다니는 폼이 약간 불량스러워 보이기도 했다. 그런데 그중 한 가운데 익숙한 얼굴 하나가 보였다. 동그랗게 모여 앉아 식혜를 먹고 있는 우리 식구와 처형네 식구들의 시선이 그 남학생의 시선과 동시에 딱 마주쳤다. 그 남학생은 다름 아닌 조금 전에 학교 숙제 때문에 가야 한다고 식당을 나섰던 조카였다. 모두가 소스라치게 놀랐다. 조카는 우리에게 다가와 말까지 더듬으며 찜질방에서 숙제를 하고 있었다고 그럴듯한 핑계를 대기도 했다. 처형과 동서는 아이와 무슨 이야기를 더 나눌 태세여서 나는 빠르게 조카를 친구들에게 돌려보냈다.

아이는 무슨 큰 잘못을 한 것일까? 어른들을 속이고 거짓말을 한 죄? 불량한 친구들과 몰려다니며 찜질방에 온 죄? 친척들과의 축하 모임에서 일찍 나온 죄? 부모들은 누구나 이런 경험을 하게 되면, 자신의 아이가 이상한 친구들과 몰려다닌다고 큰 걱정과 불안을 표출할지도 모른다. 어쩌면 내심 이제 부모나 친척들보다 친구가 우선이라며 배신감을 느낄 수도 있을 것이다.

막 중학생이 된 조카는 거의 발달심리학 교과서에 나온 그대로 건강한 관계성 발달단계를 밟고 있다고 볼 수 있다. 부모와 친척들이 싫어서 식당을 나선 것이 아니다. 조카는 친구들과의 동질감, 친구들과의 선약이 더욱 중요해진 시기가 온 것이다. 아이의 관계망은 그렇게 세상을 향해 지름을 넓혀간다. 이 시기에 또래 친구와의 관계는 아이가 평생 만들어 가야 할 사회적 관계를 미리 연습하는 것이다. 이때는 부모보다 친구가 훨씬 좋아야 한다. 그래야 건강한 것이다. 또한 부모는 이를 축하해 주어야 한다.

3
친구들과의 세상을 인정하라

부모와 친척에게 아이가 거짓말로 자신의 행위를 속였다고 하면 혼이 나야 마땅하다. 의도적으로 남을 속이려고 한 점은 분명 짚고 넘어갈 문제다. 하지만 꼭 물어보아야 한다. 거짓말을 하게 된 이유가 무엇인지 말이다.

이전 사건에서 조카는 이렇게 답할 것이다. 이모부에게 미안해서 그랬다고. 문제는 아이들이 또래 친구들을 좋아하기 시작하면 부모가 섭섭해 하리라는 걱정까지 하고 있다는 점이다. 아이가 또래 친구를 좋아하기 시작하면 부모는 아이의 세상이 넓어지는 것을 축하해야 한다. 말은 쉽지만, 실천은 너무 어렵다. 이유는 무엇일까?

부모는 너무 오랫동안 통제에 익숙해져 있다. 그래서 마치 아이들이 평생을 자신이 시키는 일만 하고, 원하는 행동만 하기를 바라고 있는지도 모른다. 자신을 떠나면 아이의 생존이 위협받던 시절에는 당연히 그래야 한다. 갓난아이나 막 돌이 지난 정도의 아이라면, 아이가 아무리 먹고 싶어 해도 구슬을 삼키도록 해서는 안 된다. 부모의 돌봄과 통제가 절대적이다. 하지만 아이가 자라면 부모가 가진 통제에 대한 욕구도 함께 그때그때에 맞춰 줄어야 할 텐데, 늘 변치 않고 제자리다.

그런데 이제 아이가 자라 심리적으로 훌쩍 어른이 되어 버렸다. 어린아이는 통제를 받아야 하지만, 어른은 자신의 삶을 스스로 꾸려나가야 한다. 엄마와 아빠의 명령 없이는 아무것도 하지 못하던 아이가 이젠 엄마와 아빠를 속이면서까지 몰래 자기가 하고 싶은 일을 하고 싶어 한다. 이것은 갑자기 아이가 도덕적으로 나쁜 아이가 된 것이 아니다. 어쩌면 성장하고 발달하고 있다는 좋은 징조다. 더 이상 아이가 부모의 품 안에서만 살 수 없게 됨을 자각했다는 의미이기 때문이다. 또한 이는 심리적으로 어른 행세를 하기 시작했다는 증거이기도 하다.

아이 입장에서 어른이 된다는 것은 부모의 지나친 통제와 간섭을 거부하는 것이 당연한 절차인데, 부모는 전혀 준비되어 있지 않다. 그래서 아이는 힘든 결정을 할 수밖에 없다. 특히 사춘기가 되면 아이는 양자택일을 해야 한다. 아예 부모를 멀리하고 등지거나, 끝까지 부모의 통제를 따르는 아이로 살면서 심리적 독립을 포기하거나. 그런데 이때 자녀가 이런 극단적인 선택을 하지 않도록 부모가 도울 수는 없을까?

아이가 평생 동안 부모의 철저한 통제를 받으면서, 다시 어린아이로 퇴행하기를 바라는 부모는 세상에 없을 것이다. 그렇다면 우리 부모도 이제 배워야 한다. 사춘기 아이가 떠날 때 쿨하게 보내는 방법을 말이다. 안타깝게도 이 방법을 제대로 몰라, 아이의 사춘기 때 실제로 거리가 확 벌어지는 부모와 자녀가 너무 많다.

일단 아이의 세상이 생긴 것을 인정하고 존중해야 한다. 친구들과 선약이 있으면 언제든지 부모와의 자리를 떠날 수 있다는 점을 알려주자. 어느 부모는 그래도 부모가 먼저라고 말할지도 모른다. 그래도 부모가 먼저라고 말하는 부모는 아이의 입장에서 보면 이기적이기 그지없는 부모다. 아이가 새롭게 만들어가야 할 사회적 관계망, 즉, 아이의 세상은 전혀 안중에도 없는 부모이니 말이다.

얼마 전, 딸아이가 1학년 동안은 필수로 기숙사 생활을 해야 하는 대학에 입학했다. 기숙사 입소 날, 아내와 나는 큰 짐 가방을 들고 아이와 함께 기숙사에 도착했다. 아내는 방에 도착하여 딸과 함께 짐을 푸는 것을 일일이 도왔다. 룸메이트의 어머니도 걸레질까지 해가면서 짐정리 하는 것을 돕고 있었다. 저녁 시간이 다 되어 우리는 가족끼리 식사를 하기로 했다. 딸은 함께 진학한 고등학교 친구들과 통화를 하기 시작했다. 아마도 기숙사에 도착하면 함께 모여서 식사를 하기로 한 모양이었다.

아내는 맛있는 저녁식사를 사줄 테니 친구들과도 함께 먹자고 권했다. 딸은 친구들에게 전화로 물어보는 듯하더니, 이내 친구들은 자기들끼리 먹는다고 답했다. 딸은 그냥 엄마와 아빠랑 셋이서 먹자고 했다. 나는 급하게 아내의 손을 잡고 기숙사를 나섰다. 그리고 딸에게는 엄마와 아빠는 근처 근사한 식당에 가서 오랜만에 데이트하면서 먹을 테니, 너는 친구들과 라면이나 끓여먹으라고 하면서 말이다. 엄마와 아빠에게 한껏 미안한 표정을 짓는 딸에게 괜찮다고 하면서 나는 네가 친구들과 한 선약이 훨씬 중요하다는 말을 남겼다.

물론 아내는 너무나 아쉬워했다. 여기까지 와서 아이를 기숙사에 남겨두고 식사도 같이 하지 않고 돌아서려니 그럴 법도 하다. 아내는 식당에 가서도 딸아이와 친구들을 데리고 오지 못한 점을 매우 아쉬워했다. 물론 딸과 친구들이 함께 와서 맛있게 먹었다면 좋았을 것이다. 하지만 아마도 부모만 좋았을 가능성이 높다. 친구의 부모가 아무리 비싸고 맛난 음식을 사준다 해도, 기숙사에서 친구들끼리 몰래 먹는 라면에 비하랴? 어쩌면 딸의 착한 친구들은 그랬을지 모른다. 부모님이 섭섭해 하실 테니까, 우리는 신경 쓰지 말고 너만 가서 먹고 오라고. 그래서 딸도 친구들을 기숙사에 남겨두면서까지 섭섭해 하는 부모와 먹겠다고 하지 않았던가? 그러나 무엇보다, 딸과 그 친구들과의 관계를 먼저 존중해 주어야 한다.

우리네 부모들은 법적으로도 성인인 대학생 자녀를 두고도 부모와 자녀 관계보다 더 중요한 사회적인 관계는 없다고 믿고 산다. 이미 우리의 자녀는 중학생만 되어도 부모와의 관계를 넘어선 자신만의 세상이 생긴다는 점을 명심해야 한다. 그리고 자녀들은 자신의 세상을 그 누구보다도 바로 우리 부모들이 존중해주기를 너무도 간절히 원한다.

당신의 아이가 부모를 떠나 친구들을 더 좋아한다고 느끼는 순간이 온다면, 아이가 이제 다 컸다고 만세를 부르자. 아이가 부모의 품을 떠나 부족하나마 자신의 세상을 만들고 있다는 증거이니 말이다. 친구들에게서 아이를 빼앗는 부모는 더 이상 되지 말자. 이상하게 부모 눈에는 아이의 친구들은 다 하나같이 못된 친구들이다. 실은 아이의 세상에서 친구들은 다 착하고 다 좋은 친구들이다. 내 아이의 세상을 최소한 부모만큼은 깊이 신뢰하고 믿어주는 일이 가장 중요하다.

가끔 자녀와 친하게 지내는 친구의 이름을 알고 있는지가 좋은 부모의 표식처럼 여겨질 때가 있었다. 틀린 말은 아니다. 자녀의 친구들, 아이의 세상에 대한 최소한의 관심이 있다는 의미이니까. 하지만 지나치면 안 된다. 언제 어디서 어떻게 만나는지, 어떤 일을 하는지 꼬치꼬치 캐묻지는 말자. 자기들만의 세상이 가진 신비는 그대로 인정해 주어야 존중받는 느낌을 받기 때문이다.

중학교에 입학하면 영화관도 갈 수 있고, 노래방에도 갈 수 있다. 부모와 함께 가면 되고, 친구들끼리 가면 안 된다는 논리를 도대체 아이가 어떻게 이해할 수 있겠는가? 이는 아이에게 이미 어른이 된 자신을 다시 어린아이로 퇴행시키는 느낌밖에 주지 못한다. 마치 아직 돈 계산도 하나 못 해서 영화관이나 노래방에 스스로 갈 수 없는 유치원 학생이 된 느낌일 것이다. 눈이 있고, 입이 있는데, 왜 친구들끼리는 영화를 보지 못하고, 노래방에 가서 노래하지 못한다는 것인지 아이들은 도무지 이해할 수 없는 것이다.

4
어린아이로 취급받는 모멸감이 문제다

'밖에 나가면 중학생이 세상에서 가장 무섭다'는 이야기는 이제 어제오늘의 일이 아니다. 왜 갑자기 순하던 중학생들이 무서운 존재가 되었을까? 갓 중학생이 된 아이들이 노래방에 몰려다닌다면, 부모는 걱정부터 앞선다. 명절 때 부모나 친척들과 함께 가면 아무런 문제가 없는데, 왜 아이들끼리는 가면 안 되는 것일까?

부모가 금지하는 일에는 부모 자신이 아이들을 통제할 수 없을 것 같은 불안함이 존재하고 있다. 부모가 자녀 옆에 붙어 있으면, 바로 통제를 할 수 있기 때문에 특정 장소나 발생할 일에 대해선 두려움이 비교적 적다. 하지만 부모는 자신이 아이를 보지 못하면 갑자기 불안이 몰려온다. 그래서 멀쩡한 노래방이 갑자기 악의 소굴로 변한다. 함께 가는 자녀의 친구들은 모두 불량배로 돌변한다.

게다가 갓 중학교에 들어간 아이가 같은 반 남녀 친구들과 함께 노래방을 갔다고 가정해 보라. 미리 얘기라도 하면, 부모는 거의 기절할 정도로 기겁을 할지도 모른다. 마치 남녀혼숙이라도 하려는 것처럼 큰일 날 일이라고 여긴다. 그래서 아이들은 부모에게 숨기고 갈 수밖에 없다. 부모는 이제 의지해야 할 대상이 아니라, 속여야 할 대상으로 변하게 된다.

왜 이런 벽이 생기는 걸까? 이유는 모두 우리 안에 있다. 1970~1980에 중학생이었던 부모들은 중학교 시절 남녀가 몰래 사복 차림으로 제과점에서 만나도 학생주임 교사의 적발대상이 되었다. 어쩌면 그

때의 불안함이 아직도 우리 안에 남아 있는지도 모른다.

'중2병'의 바이러스는 다름 아닌 '심리적인 독립선언'이다. 발병 시기는 부모의 통제 불안과 깊은 연관이 있다. 그렇다면 왜 중학교 1학년 시절에는 중2병 바이러스가 아직 발병되지 않는 것일까? 중학교 1학년생들은 아직 최소한의 '부모 돌봄'이 있어야 하는 초등학교 7학년의 마음으로 살 때가 많다.

내 딸이 중학교 1학년을 몇 달 다니지 않았을 때의 일이다. 집에 울상이 되어 돌아와서는, 중학교를 안 다니면 안 되느냐고 물은 적이 있다. 깜짝 놀랐지만 당황하지 않고 이유를 조심스레 물었다.
"만약 중학교를 안 다니면 뭘 제일 하고 싶니?" 아이는 주저하지 않고 대답했다.
"그냥 초등학교를 1년 더 다니지, 뭐……." 아이의 얼굴을 보니, 스스로도 억지를 부리고 있다는 점을 알고 있는 눈치였다. 이때 부모가 아이에게 제정신이냐고 따져 물으면 안 된다. 나는 또다시 물었다.
"초등학교를 1년 더 다니면 뭐가 제일 좋을 것 같은데?" 딸아이는 한참을 머뭇거리더니, 다음과 같이 말하는 것이었다.
"나는 아빠랑 엄마가 내가 얼마나 중학교 생활이 힘든지 좀 알아주었으면 좋겠어. 초등학교 때랑은 완전히 다르단 말이야!"
아이의 눈에는 금방이라도 눈물이 맺힐 것 같은 눈치였다. 이야기를 듣고 보니, 중학교 1학년 입학 후 반장이 된 딸아이는 관계의 어려움이 여러 가지로 많았던 모양이다. 친구들과의 문제도 있을 테고, 반장의 역할을 맡고 있으니 선생님과 친구들을 연계하는 일이 쉽지 않았을 수도 있었다.
중학교 1학년생은 엄마와 아빠의 품 안에서 자신의 존재를 인식하는 마지막 시기일 수 있다. 하지만 초등학교 7학년생 '아이'의 마지막 시절은 금세 지나고 만다. 중학교 1학년 시절은 서서히 초등학생 티를 벗어버리고, 마침내 심리적으로는 자기 인식을 성인으로 확립해 가는 격변의 시기다. 초등학교 7학년을 기점으로 자녀들은 '아이'로서의 삶과 영영 이별하고자 한다. 앞서 말한 신체의 급격한 변화나 친구들과의 사회적 관계망의 확대도 이들의 합동 이별식에 힘을 보탠다. 누구나 '아이 시절'과 이별하는 일은 무척이나 힘겨운 일이지만, 친구들이 옆에 있기에 과감하게 감행할 수 있다.

중학교 1학년을 마치고, 중학교 2학년을 시작할 나이가 되면 거짓말같이 언제 엄마와 아빠를 찾는 초등학교 7학년 시절이 있었냐는 듯이 확실한 '독립적인 인격체'로 대접받기 원한다. 그리고 예외 없이 중2가 되면, 다소 불안정상태이지만 심리적 독립을 과감히 선포하게 된다. 그때에 '아이'처럼 부모의 통제를 받고 사는 일은 어느덧 자신에게 가장 수치스런 일이 된다.

그래서 이때 나타나는 중2병의 증상은 거의 비슷하다. 부모의 눈에서 보자면 자녀들을 대하기가 점점 어려워진다. 일단 묻는 말에 대답을 전혀 하지 않거나, "몰라!"로 일관한다. 집에서는 시종일관 퉁퉁거리다가 갑자기 벼락같이 화를 내기도 한다. 예전에는 '사춘기병'이라고 이해를 해주는 측면도 있었지만, 예측불허, 일촉즉발의 중2병을 몇 번 경험해본 요즘 부모들은 아이를 이해하기보다는 비정상 진단을 내리기에 급급하다.

열다섯이라는 중2의 신체적 나이는 심리적 독립에 대한 강한 열망을 가지는 나이이다. 초등학교 7학년을 지나면서 더더욱 엄마와 아빠로부터 심리적으로 독립하여 '자기 자신'으로 대접받기를 간절히 원한다. 특히 엄마와 아빠가 불안함 때문에 더욱더 강하게 통제하게 되면 어마 무시한 충돌이 예상된다. 부모는 이전 초등학교 때처럼,

아니 그보다 더 강하게 중2를 '아이' 취급하기 쉽기 때문이다.

중학교 2학년인 진숙이는 같은 반 남자친구들과 노래방에 갔다. 당연히 엄마에게 허락을 받아야 하는 일이라고 여기지 않았고, 엄마가 괜한 트집을 잡아 가지 말라고 할까 두려워서라도 엄마에게 알리지 않았다. 그런데 그 후, 노래방 사진을 올리고, 친구들과 주고받은 SNS소셜 네트워크 서비스를 훔쳐본 엄마에게 그만 노래방에 간 사실이 들통이 나고 말았다. 아이는 극도로 화를 내면서, 엄마에게 저항했다. 왜 남의 스마트폰을 훔쳐보았냐고 말이다. 이 엄마는 어떻게 반응했겠는가? 엄마는 엄마가 딸아이의 스마트폰을 훔쳐본 것보다 어린 학생들이 남녀 학생끼리 노래방에 간 사실이 더 큰 문제라고 여길 것이 분명하다. 그리고 중2 딸과 엄마는 서로 초점이 맞지 않는 공방을 벌일 것이다. 아이는 엄마의 사생활 침해죄를, 엄마는 아이에게 불순한(?) 업소를 출입한 죄를 묻게 될 것이다.

그런데 엄마는 분명 자신이 무죄라고 우길 것이다. 엄마는 초등학교 내내 아이의 가방을 뒤져 꺼내 놓지 않은 알림장이나, 가정통신문을 찾아 꼼꼼히 준비물을 챙겨주던 습관을 아직도 가지고 있다. 중학교에 간 딸의 스마트폰을 들여다보는 것도 검열의 차원이 아니라고 주장할 수 있다. 딸의 학급 친구들이나 선생님과 주고받은 단체 문자 등을 확인하는 절차였다고 말이다.

엄마의 스마트폰 검열이 아이의 준비물이나 학교생활 체크를 위한 것이라고 하더라도 아이는 견딜 수 없는 모멸감을 느낀다. 이때 중2 딸이 느끼는 감정은 발달상 아주 특별한 감정일 수 있다. 막 심리적 독립을 선포한 아이들에게 '아이'로 취급받는 어떠한 경우라도 이는 반사적으로, 아니 필사적으로 저항해야 하는 수치스러운 사건이기 때문이다.

진숙이의 엄마는 노래방 금지명령을 내렸다. 그런데 며칠 후, 반에서 친하게 지내던 남학생 친구 생일이 돌아와 다시 노래방에 갈 일이 생겼다. 진숙이는 엄마의 금지령이 머리에 떠올랐다. 그리고 진숙이는 지난 번에 단짝 소영이에게 노래방 건으로 엄마에게 야단맞은 일을 얘기했던 일도 떠올랐다. 마침 소영이가 진숙이에게 엄마 때문에 갈 수 있겠냐고 물었다. 당신이 중2 진숙이라면 어떻게 하겠는가?

진숙이는 소영이에게 자신이 엄마에게 속한 '아이'로 비춰지는 것은 치욕적인 모멸감을 느끼게 하는 일이다. 아직 심리적으로 독립하지 못하고, 엄마의 명령과 통제에 굴복하는 부속품처럼 느껴질 것이기 때문이다. 진숙이는 당당하게 말할 것이다.

"내가 애냐? 왜 못 가? 가서 엄청 재미있게 놀아야지!"

진숙이는 친구들에게 아직까지도 엄마에게 속한 '아이'로 취급받는 모멸감, 그리고 마음 한쪽 엄마의 금지명령에 대한 부담감과 불안을 느끼지 않기 위해서라도 더욱 방어적으로 열심히 놀 수밖에 없다. 아마 2시간 동안 노래방에서 가장 많이 땀 흘리면서 흔들어 댄 친구도 다름 아닌 진숙이일 것이다. 바로 집에 가지 않고 카페라도 가서 2차를 하자고 우기는 것도 진숙이일 수 있다.

중2병의 분노발작은 실은 모멸감을 감추기 위한 위장전술이다. 아직도 아이 취급받는 모멸감을 느끼지 않기 위해서, 갑자기 화가 불끈 일어나 방어해 주는 것이다. 분노발작이 문제가 아니라, 실은 부모가 제공한 수치경험이 더 큰 문제다. 아이로 취급하지 말아야 해결되는 문제지, 그 분노를 완력으로 제어하고자 하면 더 큰 발작이 일어날 수도 있다.

대부분의 부모들은 중2들이 스스로 모멸을 느끼지 않기 위해, 방어행동으로 발생한 분노와 돌발행동을 못된 중2병의 대표 증상으로 본다. 그래서 부모가 더욱 중학교 2학년생 자녀를 통제하려고 하면 할수록 자녀의 모멸감은 커지게 되고, 방어 행동으로 출현하는 분노 발작을 더 자주 보일 수밖에 없다. 그러니 중2병의 공격적인 증상은 좀처럼 수그러들지 않는 것이다.

중2병은 도저히 약을 써도 안 되는 불치의 병이 아니다. 중2병의 바이러스는 바로 '심리적 독립선언'이다. 신체적 독립과 더불어 오랫동안 아이의 마음속에 품고 있던 열망이다. 당연히 중2병 바이러스는 절대로 악성 바이러스가 아니다. 우리의 몸과 환경만 건강을 회복하면 감기 바이러스는 아무런 해를 끼치지 않는 것처럼, 부모가 충분히 존중하고 기다려주면 '심리적 독립선언' 바이러스는 아이에게 어떠한 부작용도 가져오지 않는다.

부모의 불안 수준을 조금만 낮추면 어떨까? 갓난아이 때 부모가 가졌던 무한한 책임감, 초등학생 때 노심초사하던 부모의 불안을 이제는 약간 내려놓아도 된다. 청소년 아이들은 일거수일투족을 무조건 부모가 통제해야 할 만큼 어리지도 않다. 어리다고 여기면 여길수록 아이와 부모의 거리는 벌어진다는 점을 꼭 기억해야 한다. 사춘기 자녀들의 심리적인 독립을 지원하지 않으면, 중2병은 치료가 더뎌진다. 그리고 치명적인 부작용도 있을 수 있다. 부작용은 부모와 자녀의 불통과 불신이다.

중2병을 앓는 아이들이 엄마나 아빠와 대화를 거절하는 것은 부모가 아이의 심리적 독립을 저해하는 위험수위가 높다는 점을 보여주는 증거다. 부모와 이야기하면 할수록 부모는 자녀를 믿지 못하고 아이 취급하면서 통제하려고 한다면, 대화를 피하는 것이 자신의 모멸감을 덜 느끼는 최선의 방법이 된다.

사춘기 아이들이 친구들과 만들어가는 세상 속에서 스스로 자신의 생각이나 감정을 통제할 수 있도록 조용히 믿고 지원해주는 부모가 필요하다. "제발 못된 친구들과 놀지 말아라"고 일일이 통제하는 부모에게는 반사적으로 저항할 수밖에 없다. 이때의 저항은 이미 심리적 독립선언을 선포한 사춘기 자녀가 스스로 모멸감을 느끼지 않기 위해서는 결코 피할 수 없는 선택이다. 하지만, "나는 네가 만나는 친구들을 믿는다"는 부모의 지원을 받는 자녀는 자신의 세상에 대한 작은 책임감과 자신감을 느끼기 시작한다. 자신이 만들어 가는 세상에 대한 아주 기본적인 관심과 자신을 먼저 믿어주는 부모를 만날 때, 자녀들은 비로소 자신이 만들어가는 세상의 주인이 된다.

아이들이 공부를 안 하는 진짜 이유

자녀의 자기 주도 학습,

부모의 공감에 달려 있다

평소에 공부를 열심히 해 왔든 그렇지 않든, 학생이라면 누구나 공부를 잘하고 싶은 마음이 있기 마련이다. 부모는 믿기 어렵겠지만, 아이는 나름대로 공부를 잘하기 위해 다양한 방법을 시도한 전력을 가지고 있다. 공부에 전혀 마음이 없어 보이는 아이들도 자신이 원해서든 부모님의 강요에 의해서든 간에 공부를 잘하기 위해서는 어떤 특별한 방법이 필요하다고 믿는다. 다만 당최 그게 손에 잘 안 잡힐 뿐이다.

아쉽게도 이러한 공부의 필요성, 잘할 수 있는 방법을 찾고자 하는 마음은 있지만, 공부를 잘하는 방법을 스스로 알아가는 아이들은 실제로 그리 많지 않다. 이유가 뭘까? 세상 모든 부모들이 그 이유를 알고 싶어 하리라.

부모들은 학습시장에서 자주 언급하는 학습법 중 하나를 자녀가 익혔으면 하고 바란다. 그것은 바로 '자기 주도 학습'이다. 이러한 용어가 나온 것은 학생들이 누군가에 의해서 하는 공부에 익숙하기 때문에 스스로는 공부하지 않는다는 전제에서 비롯되었다.

학생들이 공부를 잘하기 위해 일반적으로 사용하는 방법 중 하나가 학교나 학원에서 혹은 인터넷을 통하여 강의를 듣는 일이다. 이런 수동적인 공부 방식에는 학생의 자세도 중요하지만, 좋은 교사나 유능한 강사를 만나지 않으면 공부를 잘 할 수 없다는 전제가 주어진다. 우리 아이들이 자주 사용하는 이러한 공부 방법은 '나로부터'가 아닌 '다른 사람으로부터' 주어지는 방식이다. 이때 내가 가진 능력은 그리 중요하지 않다. 이러한 강의의 맹점은 타인 혹은 다른 매체의 정보와 지식을 더욱 의지하게 하는 수동적 방식이라는 점이다.

1

공부, 시작도 하기 전에 초치는 부모

그래도 선생 없는 학생이 어디 있으랴? 물론, 타인 혹은 매체가 가진 정보와 지식을 적절히 사용하는 것도 공부의 능률을 위해 유익한 것임에 틀림없다. 그러나 이러한 강의에 학생들이 전적으로 의존하기 시작한다면 통합적인 지식이나 창의적 능력을 요구하는 문제들에 직면하게 될 때, 학생들은 혼란스러움과 무기력함을 경험하기 십상이다.

'자기 주도 학습'이란 나로부터 시작하는 공부를 의미한다. 하지만, 앞서 말한 대로 답을 빨리빨리 요청하는 우리의 교육환경에서 나로부터 시작하는 자발적인 공부는 생각보다 쉽지 않다. 학생들은 교사가 빨리 답을 알려주기를 무기력하게 기다리며, 그대로 받아 적는 역할만을 하려고 하기 때문이다. 남이 정리하고 요약한 것이나 예상문제를 입수하는 것 등이 학습의 중요성을 차지하게 되는 만큼 자기 주도 학습은 '먼 나라 이야기'가 된다.

그렇다면 공부를 잘하기 위한 '나로부터의 방법'은 어떻게 가능할까? 이러한 방법을 만드는 가장 중요한 요소가 있다. 그것은 다름 아닌 스스로를 믿어주는 자신감自信感을 갖는 것이다. 자신감이 없으면 자기 주도성은 절대로 불가능한 일이다. 자신감이 없을 때 하는 일은 대부분 누가 시켜서 할 수 없이 하게 되는 일이다. 우리 아이들의 공부가 주로 이러한 것이다. 자기 자신에 대한 자신감이 있는 아이가 아니라면, 처음부터 자기 주도 학습이란 가능하지 않다.

그런데 안타깝게도 우리 아이들 주변에서 자기 주도 학습을 애초부터 가능하게 하지 않게 만드는 사람들이 있다. 다름 아닌 바로 부모들이다. 표정을 잔뜩 찌푸린 부모를 만나면 아이들은 주눅이 든다. 아이들은 성적이 별로이니 뾰족하게 내세울 게 없다. 성적만 가지고 닦달하면 할 말도 없다. 기가 죽는다. 그러니 자신감은 제로가 된다. 그나마 기가 살아 있는 아이들은 성질이라도 부린다. 사실, 아이들이 공부를 잘하고 싶은 마음이 굴뚝같아도, 시작도 하기 전에 힘이 빠지게 초치는 사람은 다름 아닌 아이들의 부모인 것이다.

자신감은 상대적으로 유효기한이 짧은 느낌이다. 프로 야구 선수의 예를 들어보자. 아무리 평소 자신의 타격에 자신감이 있어도, 그날 아침 몸 상태에 따라 갑자기 자신감이 내려가기도 한다. 하지만 막상 타석에 들어섰는데, 자신의 이름을 목이 터져라 외치는 팬의 음성을 듣고 다시금 자신감은 상승하기도 한다. 그만큼 자신감은 늘 달라질 수 있다.
자기 주도 학습의 첫 단추가 자신감이라고 한다면, 이 역시 유효기한이 짧다는 것 아닌가? 하지만 이는 좋은 소식일 수 있다. 태어날 때부터 자신감이 생기지 않도록 태어난 사람은 없다. 우리 모두 살아가면서 자신감이 올라가거나 내려올 수밖에 없는 수많은 경우의 수가 있다. 부모가 자녀의 자신감 상승에 긍정적인 기여를 할 수 있는 방법은 없을까?

미국 콜로라도 주 스프링필드 근처에 아주 험한 고갯길이 하나 있다고 한다. 그런데 사람들은 차를 타고 가다가 그 고개 앞에만 이르면 지레 겁을 먹고 멀리 돌아가는 길을 택하곤 했다. 그렇게 차들의 운행이 뜸해지자 도로는 점점 폐허로 변해갔고 마침내 폐쇄 위기에까지 놓이게 되었다. 그러던 어느 날, 누군가가 고갯길 입구에 팻말을 하나 세워 놓았는데 팻말에는, "당신은 할 수 있다You can do it"라고 적었다. 그러자 놀랍게도 우회하려던 차들이 그 팻말을 보고 하나, 둘 용기를 내어 고개를 넘어가기 시작했고, 더 이상 험한 고갯길도 운전자들에게 두려움의 대상이 되지 않았다고 한다. 너무나도 쉬워 보이고, 너무나도 흔한 말 한마디, "당신은 할 수 있다"는 작은 말 한마디가 사람들에게 용기를 주었고, 결국 무엇인가를 해내게 만들었다는 사실은 무엇을 의미할까? 이는 상대에게 자신감을 주는 일 역시 어마어마하게 힘든 일이 아니란 사실을 잘 보여준다.

난 자녀들에게 자신감을 주고자 하는 부모들에게 '포스트-잇' 쪽지 응원을 제일 먼저 소개하곤 한다. 자녀의 책상 위에 팻말을 붙이는 방법이다. 자녀의 얼굴을 보면 자꾸 잔소리가 먼저 떠오르는 부모라도 마음만 먹으면 쉽게 할 수 있는 방법이다. 학교에서 돌아온 아이가 발견할 수 있는 곳에 "넌 할 수 있어!"라는 팻말을 붙여 놓으면 된다. 특히 나는 다음과 같은 쪽지 팻말들을 선호한다.

"많이 힘들지? 아빠가 응원할게!"
"자랑스러운 우리 아들, 아빠가 기도한다!"
"우리 함께 조금만 힘내자! 파이팅!"
"우리 딸이 있어서 행복해! 사랑해!"

그런데 포스트-잇으로 응원 문구를 써놓았는데도 아이들이 별 반응 없다는 부모들이 많다. 오히려 쓸데없이 이러지 말라고 불편해하는 아이들도 더러 있다고 한다. 당연하다. 첫술에 배부를 수는 없다. 반응이 없는 아이, 불편해하거나 오히려 짜증을 내는 아이로 인해 바로 팻말을 내려 버리는 부모에게서 자녀들은 아무런 힘도 받지 못한다. 부모의 진정성을 전혀 느낄 수 없기 때문이다. 특히 자존감이 유난히 낮은 아이라면 더더욱 소소한 자신감부터 스스로 느낄 수 있도록 부모의 꾸준한 노력이 필요하다. 책상 근처에 '팻말'을 꾸준히 달자! 그래야 아이들이 느낄 수 있다. 나를 믿어주는 사람이 있어야 나도 서서히 나를 믿게 된다. 그리고 나서 비로소 아이는 스스로를 믿는 자신감을 가지고 공부의 첫 단추를 끼우게 된다. 이런 자신감이 쌓이다 보면, 아이는 자기 존재를 스스로 존중할 수 있는 자아 존중감, 즉 '자존감'을 갖춘 인생의 주인공이 된다.

자신감이 없으면 나로부터 시작하는 자발적인 공부는 시작조차 할 수 없다는 점을 기억하자. 그리고 자신감은 자존감의 기초가 된다. 만약, 밀어붙이는 부모와 교사를 만나 억지로 공부를 하고 그 결과가 긍정적으로 나왔다고 가정해 보자. 자존감이 낮은 아이는 아무리 좋은 명문대학을 가고, 좋은 직장에 취직을 한다 해도 자신을 사랑할 수 없다. 결국 늘 자신을 다른 사람과 비교하여 낮추어보고, 스스로를 사랑받고 존중받을 수 없는 존재로 여기며 불행한 인생을 살게 될 것이다.

2
비교를 하려면 제대로 하자

우리는 특정 연예인들에게는 특별한 카리스마가 있다고 말하곤 한다. 그런데 우리 모두 각자의 카리스마를 가지고 있다는 점을 아는가? '카리스마Charisma'라는 말은 그리스어로서, '조물주가 각자에게 선물처럼 나누어주신 창조적인 능력'이라는 뜻이다. 그러므로 우리의 아이들 역시 각자의 카리스마를 가지고 태어난다.

하지만 이렇게 각자에게 주어진 창조적인 능력을 사그라지게 만드는 것이 있는데, 그것은 바로 '나는 왜 딴 친구처럼 하지 못할까?'라는 비교의식과 열등감이다. 이러한 비교의식과 열등감을 가진 아이들은 학원 수강이나 특별한 학습지도를 통해 잠시나마 성적을 올릴 수는 있겠으나, 작은 실수로 인해 갑자기 성적이 곤두박질치기도 하고 보다 창조적인 능력을 요구하는 문제 앞에 서면 주눅이 들기 쉽다.

그런데 이런 비교의식과 열등감을 갖게 만들기 쉬운 인물도 바로 다름 아닌 부모다. 예전에 한 라디오 방송에 출연했다가, 자녀들이 부모로부터 듣기 가장 싫어하는 말에 대한 조사결과를 들은 적이 있다. 아이들은 하나같이 자신과 다른 형제를 비교하거나, 다른 친구들과 비교하는 부모의 말을 가장 진저리치며 싫어한다고 이구동성으로 외쳐댔다.

그때 그 라디오 프로그램의 사회자가 이런 질문을 했다.

"왜 부모들은 아이들이 이렇게 싫어하는 데도 자꾸 비교를 하게 되는 걸까요?"

정말 우리 모두에게 묻고 싶은 질문이다. 아이들이 제발 비교하지 말아달라고 신신당부를 하거나, 비교를 할 때마다 벼락같이 성질을 부리는 경우도 종종 있다. 그런데도 우리 부모들은 예외 없이 반자동적으로 자신의 아이와 딴 아이를 비교하는, 묵은 습관을 버리기가 매우 힘들다. 왜 그럴까?

나는 비교를 하는 일이 당장 버려야 할 나쁜 습관은 아니라고 믿는다. 인간은 원래 비교하는 존재이며 비교하지 않으면 성장과 변화를 기대하기도 어렵다. 자신과 남을 전혀 비교하지 않는 사람은 우물 안 개구리로 살게 된다. 다만 비교를 하려면 제대로 해야 하는데, 상대방의 사기를 떨어뜨리고 자신감을 곤두박질시키는 비교를 하다 보니 그게 문제다. 상대방의 마음을 후벼 파는 못된 비교는 상대에게 약점만을 확대하여 모멸감을 제공한다. 그렇다면 못된 비교 말고, 제대로 비교하는 일은 어떻게 해야 할까?

먼저 나는 부모들에게 자녀를 남과 비교하는 일을 포기하지는 말라고 권한다. 비교는 하되, 자녀가 자신감을 잃고 스스로 아무 일도 하고 싶지 않도록 만드는 '부정 비교'를 피해야 한다고 말한다. 부정비교란 상대방은 '플러스(+)' 점수이고, 나는 '마이너스(–)' 점수로 느끼게 하는 비교를 뜻한다. 그렇다면, '긍정 비교'도 있을까? 물론 있다. 긍정 비교는 상대방이 플러스(+) 점수인데, 나도 상대방에게 없는 플러스(+) 점수가 가능하다고 느끼도록 만드는 비교를 말한다. 나는 이런 비교법을 '강점 비교'라고 부르곤 한다.

아주 어릴 적부터 영어공부를 했던 딸아이와 5살 차이가 나는 아들을 가끔 비교할 때가 있었다. 딸아이는 초등학교 시절부터 영어로 쓰인 소설책을 읽었고 친구들과 영어로 토론하는 일을 즐겼다. 그에 비해 동생인 아들은 영어로 쓰인 책을 별로 좋아하지 않았다. 그러면 당연히 누나는 초등학교 때 영어책 읽기와 토론까지 했었는데, 동생은 왜 그러지 않느냐고 비교할 수 있다. 그런데 그렇게 비교하면, 누나는 영어공부가 플러스(+) 점수이고, 동생은 영어공부가 마이너스(-) 점수라는 의미로 전달되고 만다. 이때 비교당하는 느낌은 적잖은 모멸감으로 다가올 가능성이 크며 동생은 오히려 영어공부에 자신감을 잃어 갈 수도 있다.

여기서 필요한 것이 강점 비교인데, 강점 비교는 누나는 영어공부를 좋아하지만, 아들은 무엇을 좋아하는가를 찾는 것이다. 아들은 친구를 좋아한다. 성격이 원만하여 친구들에게 인기도 많다. 그런데 원만한 성격이 영어 실력과 무슨 상관이 있을까? 상관이 있을 수 있다. 대인관계가 원만한 성격인 사람은 지나치게 완벽주의 성격이어서 문법이 갖추어지지 않으면 이야기 한마디 하지 않는 사람들보다 외국어 습득능력이 빠를 수 있다.

"누나는 영어책 읽기를 좋아하고 영어로 토론하기를 좋아해서 영어 성적이 좋은데, 우리 아들은 성격이 좋으니까 지금보다는 나중에 영어를 잘할 수 있을 거야!"라고 아들에게 이야기해 주었다. 아들은 의아해했다. 성격이 영어 실력과 무슨 상관있느냐며 궁금해 했다. 이때, 성격이 좋은 사람이 나중에 영어로 말하는 것에 훨씬 유리하다는 점을 알려주면 된다. 누나에게는 있는데(+), 내게는 없는(-) 독서습관을 강조하기보다는, 내가 가지고 있는 원만한 성격(+)을 강조하면 아이는 자신도 모르던 강점을 인식하게 되는 것이다.

사실 딸은 내가 유학시절, 미국에서 태어나 6살까지 미국에서 자란 아이였다. 아들은 미국에서 태어났지만, 돌도 되기도 전에 아빠가 학위를 마치는 바람에 한국으로 가족과 함께 영구 귀국하였다. 결국 아들은 외국에서 영어 한마디 제대로 해보지 못하고 귀국한 셈이다. 영어로 책을 읽는 습관이 영어에 익숙한 딸아이에게는 자연스럽게 강점으로 자리 잡게 되었지만, 아들은 영어에는 별다른 강점을 가지지 못했다고 생각할 수 있다. 그렇다면 과연 아빠의 바람대로 아들의 원만한 성격이 영어공부에 큰 도움이 될 수 있었을까?

성격이 원만하고 교우관계가 좋았던 아들은 초등학교 3학년 때, 아빠의 연구년으로 미국에 1년간 거주하게 되었다. 그때 그의 강점이었던 성격이 진가를 발휘했다. 미국인 친구들과 어울리기를 즐겼던 아들은 완벽한 영어 문법이 갖춰지지 않아도 쉬지 않고 말을 걸었다. 아들은 1년 동안 학교생활에 필요한 영어구사능력을 갖추는 데 큰 어려움이 없어 보였다.

아들의 강점 인식은 그의 영어공부에 대한 자신감을 갖는 데 커다란 도움이 되었음이 틀림없다. 1년간 미국 생활을 마치고 돌아올 때 아들은 누나도 깜짝 놀랄 만큼의 영어회화 실력을 갖추게 되었다. 아들은 한동안 자신이 속한 초등학교에서 영어를 제일 잘하는 아이로 여겨졌다. 물론 그 얘기가 정확한 사실이 아닐지라도 아이가 자신이 가진 강점을 인식하고 있다는 점에서 너무나 고무적인 일이었다. 시간이 좀 걸리더라도 강점을 드러내는 비교는 계속해도 부작용이 없다. 결국 아이에게 플러스(+)가 되어 돌아오는, 손해가 없는 비교법이기 때문이다.

반장, 부반장, 회장, 부회장 등 초등학교 내내 온갖 리더 역할을 입맛대로 섭렵했던 딸에 비해 아들은 주저하면서, 초등학교 시절 단 한 번도 학급 선거에 입후보조차 하지 않았다. 만약 누나는 뭐든지 해보려고 하는데, 너는 왜 남자가 되어 그 모양이냐고 닦달을 한다면,

안 그래도 낮은 자신감이 더 떨어질 수 있다.

그렇다면 이번에는 어떻게 강점 비교를 해 볼까? 딸은 언어 감각이 있어서 조리 있는 후보연설 덕에 선거를 나갈 때마다 리더가 되었던 것 같다. 그렇다면, 아들은 리더가 될 수 있는 어떤 강점을 가지고 있을까? 또다시 그의 강점인 성격을 밀어붙일 수 있다.

"아들아, 너는 성격이 좋고 원만하니까, 언젠가 친구들이 꼭 너를 리더로 알아볼 거야!"

다시 아들에게 자신의 플러스(+) 자원인 성격을 믿고 스스로 자신감을 가질 때까지 기다리는 수밖에 없었다. 지속적인 강점 비교는 언젠가 빛을 발한다.

그런데 중학교 2학년이 된 어느 날, 아들은 학급의 임시회장이 되었다며 뛸 듯이 좋아했다. 담임교사는 덩치가 큰 아들에게 임시회장을 시키면서, 인상도 좋고 성격도 좋아 보인다고 칭찬을 한 모양이었다. 그리고 아이는 난생처음 학급 선거에 나가겠다고 가족들에게 선포했다. 온 가족은 마치 잔치라도 벌인 듯 좋아했다. 꼭 선출되었으면 하는 소망이 커서일까, 나는 약간 불안해지기 시작했다. 그래서 누나와 머리를 맞대고 회장 입후보 연설을 함께 준비할까 물었지만, 아들은 단박에 거절했다. 오히려 아들은 누나의 말솜씨가 아니라, 이미 자신의 강점을 더 중요하게 생각하는 듯했다. 그래서 우리는 다시금 아들의 원만한 성격이 반드시 빛을 발할 것이라는 강점 비교를 해 주었다.

그로부터 일주일 후, 아들은 생애 가장 기쁜 날이라면서 감격해 하며 집으로 돌아왔다. 아들은 선거를 거쳐 학급 부회장이 된 것이었다.

3
공감하는 부모가 아이의 점수를 높인다

자녀의 학습 이야기가 나온 김에 수험생 자녀를 둔 부모의 이야기를 해보자.

상담을 하다보면 고등학교 1~2학년까지만 해도 대화가 그런대로 이어진다고 한다. 그러나 고등학교 3학년이 되면 현저하게 대화의 양도 줄어들고 수험생 자녀가 대화를 회피하거나 짜증 일변도로 치달아, 부모도 쉽게 대화를 포기하게 되는 경우가 적지 않다. 이런 문제로 상담을 하다 보며, 상담자는 이것이 수험생에게서 생긴 문제이기보다는 부모로부터 비롯된 일이라 평가할 때가 많다. 왜냐하면 부모가 먼저 수험생인 자녀를 불편하게 여기기 시작하고, 부정적인 결과에 대한 지나치리만치 미리 불안을 가지는 경우가 대부분이기 때문이다. 이때 부모의 불안을 가장 민감하게 느끼는 사람이 바로 자녀다.

불안한 부모의 태도는 수험생의 심리에 직접적인 영향을 준다. 특히 수험생의 부모는 잠시라도 자녀가 공부로부터 이탈할까 걱정하느라 늘 노심초사다.

"그렇게 공부해서 어떻게 좋은 대학을 갈 수 있겠니?"

"공부를 안 하는데 점수가 오르면, 그게 더 이상한 거다"라는 등 온갖 부정적인 예측을 쏟아낸다. 이렇게 자극하면 아이들이 더욱 정신 차리고 공부에 전념할 것이라고 믿는 부모가 많은 가보다. 하지만 부모가 아이를 믿지 못하는 데, 아이가 스스로 자신의 능력에 자신감을 가질 리 만무하다.

부모의 부정적인 결과 예측 뒤에 숨어 있는 불안은 자녀들에게 거짓말처럼 그대로 전달된다. 정말 부모 말대로 되지 않기 위해서 정신 바짝 차리고 열심히 해야겠다고 다부진 각오를 다지는 특별한 아이는 이 세상에 거의 없다. 아이는 앞으로 아무리 잘해도 부모의 우려가 현실이 될 것 같은 불안함만 한껏 떠안게 된다.

공부가 안된다고 하는 학생들을 잘 관찰해 보면, 실은 공부하는 시간보다 자신의 불안함을 다루는 일에 더욱 많은 시간을 소비하고 있다는 점을 쉽게 알 수 있다. 불안한 부모는 무조건 공부시간을 늘리는 일에만 초점을 맞추기 마련이다. 하지만, 자녀가 자기 주도 학습을 할 수 있도록 유도하는 부모는 자녀가 불안을 혼자 견디는 일에 지나치게 많은 시간을 허비하지 않도록 돕는다. 부모가 자신의 불안을 전가하는 대신, 자녀와 함께 불안을 느끼면 된다.

공부해야 한다고 걱정하면서도 스마트폰에서 눈을 떼지 못하는 학생의 경우, 실상은 불안함을 다루고 있는 중이다. 속사정을 모르는 부모는 수험생기간인 딱 1년 동안만이라도 스마트폰을 쓰지 말고, 공부에만 집중하라고 강권한다. 그러면 그럴수록 불안은 더욱 가중된다. 아쉽게도 부모는 자녀의 불안을 함께 느껴주는 공감 대화가 스마트폰을 압수하는 것보다 훨씬 중요하다는 사실을 전혀 모르고 있다. 부모의 지속적인 공감과 신뢰가 수험생 자녀로 하여금 자신의 불안함을 잘 관리하는 데에 가장 중요한 바탕이 된다.

수험생에게 가장 필요한 사람은 족집게 강사나 일정 관리자가 아니다. 바로 속마음을 있는 그대로 털어놓을 수 있는 대상이다. 크고 작은 시험의 연속인 가운데 지속적으로 자신을 평가해야 하는 과정에서는 자신감보다 패배감을 맛보기 일쑤다. 그래서 '수험생은 누구나 힘든거야'라는 반응보다 '지금 힘들고 많이 불안하지?'라며 함께 느끼는 부모의 공감 반응이 절실히 필요하다. 부모가 꼭 기억해야 할 사실은 수험생의 자신감은 수험생 자신이 축적한 공부의 양에서 비롯되는 것이 아니라, 자신을 믿어주고 힘을 주며 공감해 주는 부모에게서 비롯된다는 사실이다.

나는 수험생 부모에게 수험생에게 전하는 말 한마디가 아이의 수학능력시험의 20점 이상을 좌우한다고 말하곤 한다.

"쉬운 문제인데 실수하면 큰일 난다!", "이번에 꼭 진학해야지, 내년까지 가면 출제방식이 바뀌어서 고생한다!" 등의 부모의 겁주기 식 언급을 쉽게 들을 수 있다. 이런 이야기 뒤에는 부모의 참을 수 없는 불안이 늘 숨겨져 있다. 그런데 이 숨어있는 불안이 자녀들에게 반드시 전달된다는 점을 알아야 한다.

보통, 아이는 쉬운 문제가 배치되는 수학 시험 초반에, 갑자기 난해한 문제 하나를 접하게 되면 갑자기 당황스러워 진다. 올 것이 왔다는 느낌이다. 부모의 이야기처럼 진짜 큰일 났다는 느낌이 자신을 사로잡는다. 이때, 부모의 불안까지 가중되어 명민해져야 하는 좌뇌 대신 불안한 감정이 우뇌를 요동치게 한다. 눈앞에 불안해하던 부모의 모습이 자꾸 떠오르는 것도 이 때문이다.

"마음 푹 놓고 시험 보면 된다. 너는 잘할 수 있어. 엄마는 믿어!"

"이번에 잘 안 되면 어쩌나 너도 많이 불안하지? 하지만 기회는 또 있으니까 너무 초조해하지 않아도 돼"

이런 대화 속에는 부모 스스로가 자신의 불안을 차분히 잘 다스린 듯한 느낌이 담겨있다. 이렇게 부모의 불안함보다 신뢰와 공감이 전달되면, 아이들은 시험장에서도 주눅 들거나 불안해하지 않는다.

부모의 불안까지 이고 가는 아이들은 모르는 문제라도 불쑥 나오면 이내 위축이 되고, 급격하게 자신감을 잃어 쉬운 문제도 실수를 할 수 있다. 부모가 수험생 자녀에게 해줄 수 있는 일이 하나도 없다고 느끼는 부모는 아이의 느낌에 머물러 공감해 주고 자녀를 충분히 신뢰하는 일이 수험생들의 시험 당일에 남모르게 점수를 올리는 데에도 그 위력을 발휘할 수 있다는 점을 잘 알지 못한다.

가끔 수험생을 상담하다 보면 '나는 결코 합격할 수 없을 거야'라고 미리 단정하고 수험생활을 극도의 스트레스로 일관하는 경우를 보게 된다. 이때 수험생의 반자동적인 부정적 사고는 바로 부모나 주위 사람들의 지나친 우려와 불신의 태도로부터 학습된 경우가 대부분이다.

"왜 그런 부정적인 생각부터 하니? 해보지도 않고 그런 생각만 하면 너만 힘들어!" 하지만 수험생의 비합리적 사고를 논박한다고 해도 문제는 해결되지 않는다. 아이의 생각을 바꾸기보다는 상상을 통해 즐거움을 미리 맛보게 하는 것이 훨씬 효과적이다. 자신을 절대적으로 신뢰해주는 부모와 함께 최선을 다한 후 맛볼 수 있는 기쁨을 마음속으로 상상해본다면 더욱 좋다. 수험생들이 시험에 합격하고, 자신이 하고 싶은 공부를 대학에서 마음껏 하는 상상을 틈틈이 해본다면, 이것이 어느덧 자신감을 갖게 하여 스트레스를 보다 효과적으로 관리할 수 있을 것이다. 이런 우뇌의 긍정적인 상상은 시험 당일 위급한 상황이 닥치더라도 의연하게 대처할 수 있도록 도와준다.

부모는 수험생 자녀가 분석적이고 문제해결에 필요한 좌뇌만 쓴다고 생각하면 큰 오산이다. 구글의 알파고와 같은 인공지능 기계처럼 좌뇌만 쓰는 인간은 없다. 그런데도 우리 부모들은 자녀들을 인공지능을 갖춘 로봇으로 여길 때가 많다. 냉정한 이세돌 9단도 인간이기에 자신의 작은 실수 하나에 마음이 흔들리고 감정 기복을 보인다. 그런데 이는 너무도 당연한 일이다. 오히려 관계와 감정에 민감한 우뇌가 훨씬 수험생활에 결정적인 역할을 한다는 점을 잊지 말자. 수험생활은 물론 시험 당일에도 우뇌를 안정적으로 진정시키고, 명민한 좌뇌를 활성화시킬 수 있는 능력은 평소에 부모가 얼마나 자녀의 감정을 잘 헤아리고 공감했는지에 따라 결정된다.

4

부모의 공감이 아이의 뇌를 춤추게 한다

만약 이 글을 읽고 있는 여러분의 자녀가 열등감으로 인해 스스로 공부할 의욕과 자신감을 잃어버린 상태라 해도 걱정하지 마시라. 자신감은 훈련을 통해 얼마든지 충분히 만들어질 수 있기 때문이다. 애초에 자신감을 가지고 태어나는 사람은 없다. 어느 방향으로 자신을 이끌어 가느냐, 마음속에 무엇을 심어 주느냐에 따라 일어나기도 하고 가라앉기도 하는 것이 바로 자신감이다. 이때 부모의 분명한 역할이 있다는 것은 얼마나 감사한 일인가?

소극적이고 부정적인 상황을 개선하기 위해서는 긍정적이고 적극적인 태도가 마음속에 자리 잡아야 한다. 이것은 부모의 잔소리로 가능한 것이 아니다. 잔소리는 언어적 전달이다. 좌뇌를 통해 전달되는 언어로는 우뇌의 감성을 움직이기가 쉽지 않다.

하지만 "너는 할 수 있어", "자랑스러운 아들, 넌 꼭 이루고 말 거야"와 같은 신뢰 가득한 쪽지를 시각적으로 보는 일은 자녀의 우뇌를 움직이게 하며, 우뇌는 부모에게 받아들여지고 사랑받는 자신의 모습을 그려보게 한다. 어느새 마음에는 따뜻한 기운이 감돈다. 부모와 아이의 연결된 모습은 긍정적인 이미지로 기억저장소에 보관된다. 아이가 필요할 때마다 이 장면은 다시금 재생된다. 이것이 관계와 감성을 관장하는 우뇌의 주된 업무다.

나는 부모들로부터 "공감만 강조하다가, 공부는 언제 시키느냐?"는 질문을 자주 받는다. 공감과 학습은 별개라고 생각하는 듯한 질문이다. 학습지도는 결코 공감하는 일이 아니라, 하기 싫어도 시켜야 하는 완력이 동원되어야 한다고 믿는다. 학습할 때는 아이가 자신의 우뇌를 책상 속에 넣어둔다고 생각하는 부모가 많아서 답답할 때가 한두 번이 아니다. 당신의 아이는 아무런 감정이 없이 오직 이길 수 있는 승률 계산에만 매진하는 인공지능 알파고가 아니다.

공감과 학습의 상관관계를 설명할 때마다 아동문학가 권정생(1937~2007) 선생을 떠올린다. 『강아지똥』, 『몽실언니』 등 주옥같은 그의 책들은 대한민국의 정말 많은 아이들로부터 여전히 사랑을 받고 있다. 책 읽기를 싫어하는 아이들조차 권정생 선생의 책만은 유난히 즐겨 읽는 이유가 뭘까 궁금했던 적이 있다. 아동문학은 엄청난 양이 매달 쏟아져 나오지만, 특별히 사랑받는 책들이 정해져 있고 지난 10년 동안 대표적인 베스트셀러는 모두 다름 아닌 권정생 선생의 작품이라는 말을 한 신문기자로부터 들었기 때문이다. 나는 권정생 선생의 한 단편 동화집 머리말에서 그 해답을 찾았다. 그는 아이들에게 따뜻한 존댓말로 말을 건넸다.

"정말 미안합니다. 마음껏 뛰어놀고, 동무들과 사이좋게 얘기하고, 만화영화도 보고 싶을 텐데, 감히 책을 읽으라고 하기가 미안해진답니다. 그러니 아주 조금씩 꼭 읽고 싶을 때만 읽으세요."

나는 이 머리말을 읽는 순간 온몸에 쏟아지는 전율을 느꼈다. 이 분의 공감능력은 아무나 범접할 수 없는 최고의 경지처럼 느껴졌다. 우리는 얼마나 자녀들에게 자주 잔소리를 해대던가?

"너는 왜 책을 안 읽니?", "너는 공부만 하면 되는데, 어쩌자고 정신 차리고 책 한 줄을 못 읽니?" 우리는 우리 자신도 그토록 하기 싫어하는 독서를 자녀에게는 아무렇지도 않게 강요한다. 아이들의 감정은 전혀 안중에도 없다.

아마도 나이 어린 아이들도 직감적으로 권정생 선생의 글에서는 공감받고 존중받는 느낌이 들었음에 틀림없다. 읽지 말라고 해도 그의 그림책에 빨려 들어갔을 아이들의 모습이 떠올랐다. 나는 그때 자기 주도 학습을 원하는 부모는 절대적으로 공감부터 배워야 함을 절감했다. 아이가 얼마나 공부하기 싫어하는지, 문제가 풀리지 않아 얼마나 답답해한지, 친구들보다 느리게 풀어서 얼마나 자존심이 상했는지부터 느껴야 한다. 그리고 권정생 선생처럼 이렇게 힘든 공부를 강요하는 부모의 처지를 미안해해야 한다.

중학교 시절, 딸아이는 새벽까지 수학문제 풀이에 집중했던 적이 많았다. 그런데 문제가 잘 풀리지 않을 때마다 괴성을 지르기도 하고, 심하면 책을 집어 던지며 울기도 했다. 그럴 때마다 우리는 그만 공부하고 잠자리에 들라고 권고하기 일쑤였다. 혹시 아랫집에 피해를 줄까 걱정도 하고, 학습 스트레스보다 아이의 건강이 더 중요하다고 여겨 공부방의 불을 끄기도 했다. 아이는 그럴 때면 불을 다시 켜라고 더 크게 소리를 질러대곤 했다.
어느 날, 권정생 선생의 공감대화가 생각났다.
"우리 딸, 아빠가 정말 미안해. 수학문제가 안 풀려서 너무 답답한가 보다. 내일 학교도 가야 하는데, 시간은 자꾸 가고 진도는 안 나가고 얼마나 속상할까? 아빠가 도와줄 수 없어서 정말 미안해. 그러니까 오늘 할 수 있을 만큼만 하고, 조금씩 나눠서 내일 하면 안 되겠니?"
자기 분을 이기지 못하던 딸아이가 조금씩 진정하기 시작했다. 내 눈을 맞추면서 아이는 내게 이렇게 말했다.
"그런데 아빠가 미안할 건 없어요. 제가 속상해서 그래요. 조금만 더 하고 잘게요"
부모의 공감을 받는 아이는 감성적인 우뇌를 안정시키고, 분석적인 좌뇌를 활성화시키는 회복력을 가진다. 우리 아이들은 절대로 알파고와 같은 인공지능 기계처럼 작은 실수에도 아무런 감정동요 없이 묵묵히 문제점을 해결할 수 없다는 점을 명심하자. 자신감이 없으면 어떤 공부도 스스로 시작할 수 없고, 감정관리가 되지 않으면 어떤 문제도 끝까지 풀 수 없다. 우리 아이들을 아무 감정도 없이 공부에만 집중할 수 있는 기계로 아는 부모들이 너무도 많다. 문제를 풀다가 엉엉 우는 아이를 본다고 야단치면 절대 안 된다. 그렇게 울고불고할 거면 공부 그만하라고 아이를 다그쳐서도 안 된다. 아이는 바로 부모가 자신의 답답하고 속상한 심정을 공감해 주기를 간절히 바라고 있기 때문이다. 우리가 공감하는 만큼 아이는 최대한 감정적 동요 없이 안정적으로 스스로 문제를 해결할 수 있는 학습모드를 만들어 갈 수 있다.

조물주는 아마도 지성과 감성을 골고루 갖추면서, 세상의 지식과 경험을 함께 쌓아가도록 인간에게 좌뇌와 우뇌라는 두 날개를 만드셨는지도 모르겠다. 한쪽 날개를 꺾지 말자. 우리의 아이가 분석적인 좌뇌만 있는 인공지능을 가지고 있다고 여기면 안 된다. 아이는 머리와 가슴을 동시에 가지고 공부한다는 점을 명심하자.

부모의 공감이 아이의 뇌를 행복하게 만든다. 부모의 공감은 아이가 좌뇌와 우뇌를 모두 운용하여 조화롭게 춤을 출 수 있도록 만들기 때문이다. 좌뇌가 가진 문제해결 능력이나 우뇌가 담당하는 정서조절 능력은 우리 아이들이 세상을 행복하게 날아가는 데 중요한 양 날개다.

아이의 좌뇌와 우뇌가 함께 만드는 조화의 리듬은 아이를 행복감에 춤추게 한다. 남이 시켜서 추는, 재미없는 억지 춤이 아니다. 자신을 믿어주고 공감해 주는 부모를 만난 아이들은 스스로 자신이 주인공 되어 신명나는 '자기 춤'을 춘다. 그럴 때 아이들은 스스로 공부하는 재미에 서서히 빠져들게 되는것이다.

부모가 아이를 학대하는 진짜 이유

학대하는 부모는

가정폭력의 유전자가 있을까?

부모가 되려면 자격증을 취득하도록 하자는 이야기가 가끔 들린다. 자녀를 자신보다 더 사랑하고 희생하며 살아왔다는 동양적인 부모상에 익숙한 우리들은 자녀를 학대하고, 심지어 목숨까지 빼앗는 부모가 있다는 작금의 뉴스 보도에, 말 그대로 '멘붕'을 느끼고 있다. 정말 부모가 되려면 특별한 인성교육이라도 필요한 시대가 된 것인가? 어떻게 부모가 하루 종일 자신의 아이에게 매질을 할 수 있을까? 화장실에 가두고 굶겨서 죽일 정도로 방치했다면, 이는 이미 인간의 탈을 쓰고는 도저히 할 수 없는 일이라고 여기기 쉽다. 우리 아이들의 현실이 차라리 동물병원에서 영양제를 맞는 애견보다 못한 신세가 아닌가? 피의자 부모의 정신감정을 해보았지만, 특별한 정신장애가 발견되지 않았다고 하니 더욱 허탈하고 경악스럽다.

우리 자녀 세대들이 뉴스에 나오는 매정한 부모를 보면 어떤 느낌이 들까 걱정이다. 때리지 않고 밥먹여 주는 부모라면, 고개 숙여 감사 인사라도 하면서 살아야 하나? 자녀를 학대한 부모 중에는 겉으로 보기에는 너무도 멀쩡한 부모가 대부분이다. 그중에는 특별한 직업이 없는 실직자도 있었지만, 대학교수로 활동하던 아버지도 있었다.

부모가 자기 아이를 학대하게 만드는 근본적인 이유는 도대체 뭘까?

1
폭력을 학습한 부모가 가해자가 된다?

자녀를 매정하게 폭행하고 죽음에 이르게 한 철면피 부모들의 과거 전력이 공개될 때가 있다. 알고 보니 그 부모들이 자신들도 자신들의 부모에게 매를 맞고 자란 전력이 있었다는 것이다. 그렇다면 결국 가정폭력의 1차 피해자가 부모가 되면 모두 가정폭력의 가해자가 되는 것일까? 마치 가정폭력을 학습하게 되면, 그 폭력의 순환 고리를 끊지 못하고 결국 그 폭력을 다시금 행사하고 마는 운명을 지니는 것일까? 이렇듯 자녀를 학대하는 부모는 아주 특별한 별종이라고 여기기 쉽다. 어쩌면 태생부터 못된 폭력의 유전자를 가지고 살아온 사람으로 여길 수도 있다.

하버드 대학교 의과대학의 제임스 길리건James Gilligan 교수가 매사추세츠 형무소에 복역 중인 폭력 사범을 대상으로 진행한 25년에 걸친 종단연구를 살펴보면, 폭력적 행위의 배후에는 감추어진 정서적 경험이 있다는 점을 보여준다. 그는 절대다수 폭력 사범이나, 살인범의 범죄 동기의 심리적 기원이 상대에 대한 증오심이 아니라, 자기 자신의 내면에 숨겨진 수치심이었던 점을 지적했다.
자녀를 학대하고 폭력을 행사하는 부모의 범죄에도 이러한 정서적 경험이 도사리고 있을 것이라 예상할 수 있다. 자신의 모습을 부적절하게 여기는 사람일수록 자신을 더욱 과대포장하기 쉽고, 그런 자신의 모습에 대한 수치심이 자극될 경우 극단적인 방어행동으로 가장 나약한 대상에게 폭력을 쓰기 쉽다는 것이다. 이때 가장 피해를 입게 되는 대상이 바로 그들의 어린 자녀다.

상담 중, 자기도 모르게 자녀에게 손찌검을 하게 된다는 엄마가 있었다. 그런데 이상한 점이 발견되었다. 첫째 딸아이에게 유난히 손찌검을 많이 한다는 엄마는 둘째 딸에게는 거의 폭력을 행사하지 않았다. 보통 이럴 때 둘째 딸은 엄마 말을 특별히 잘 듣고, 눈치가 빠른 아이일 것이라고 예상할 수 있다. 똑같은 잘못을 저질렀어도, 큰딸은 절대로 엄마에게 잘못했다고 하는 법이 없었다. 오히려 더 강하게 엄마에게 대들고 자신의 주장을 굽히지 않는 아이였다. 그에 비해 작은딸은 엄마가 화가 났다 싶으면 바로 잘못했다고 빌기를 잘하는 아이였다.

어느 날, 엄마는 고등학생이 된 큰딸의 성적을 가지고 다투다가, 그만 따귀를 때리는 일이 발생했다. 그리고 엄마는 이성을 잃을 정도로 같은 곳을 집중적으로 가격했다. 결국 큰딸의 귓불이 크게 찢어지는 상해를 입게 되었다. 상담 중에 엄마는 자신의 폭력에는 제동장치가 없는 것 같다는 말을 했다. 우리가 가끔 대하는 존속 아동학대 사건에서 7시간 동안 아이를 때렸다는 보도나 며칠 동안 폭행을 멈추지 못했다는 것도 이와 비슷한 경우라고 볼 수 있다. 엄마와 하는 심층 상담이 계속되었고, 아주 힘들게 엄마는 자신의 원가족과 경험했던 오래전 상처를 털어놓기 시작했다.

엄마는 어린 시절부터 자신의 아버지가 어머니를 오랫동안 구타하는 것을 보고 자랐다. 그때 엄마는 자신도 아버지로부터 폭력의 피해를 입을 수 있다는 심한 불안감 속에 살았다. 다행히 자신은 아버지로부터 심한 폭력을 경험하지는 않았다.

그런데 어느 날, 아버지가 혼외정사를 통해 낳은 아이 한 명을 데리고 왔다. 자신보다 10살이나 어린 6살 먹은 여자아이였다. 하지만 아버지는 미안한 기색이 전혀 없었을 뿐 아니라, 아이의 생모가 누군지도 알려주지 않았다. 어머니는 아무런 저항 없이 갑자기 새 식구가 된 배다른 동생까지 키워야 했다. 그때 이후로 아버지의 폭력이 눈에 띄게 줄었지만 엄마는 어머니가 배다른 여동생을 미워하면, 아버지가 또 다시 어머니에게 폭행을 휘두를 수 있다는 불안감을 가졌다. 그래서 틈만 나면 어머니가 힘들지 않도록 자신이 나서서 여동생 돌보는 일에 최선을 다했다.

그러던 어느 날, 엄마의 아버지가 심장마비로 갑자기 세상을 떠났다. 배다른 여동생을 집으로 데려온 지 1년 정도가 겨우 지났을 때 일이었다. 어머니는 한동안 그 충격에서 벗어나지 못했고, 갑자기 생업에 뛰어들어야 했다. 시장 일을 시작한 어머니는 배다른 여동생을 모질게 대하기 시작했고, 성격도 난폭하게 변했다. 그때 여동생은 이제 막 초등학교에 입학한 나이였다. 어머니는 엄마가 보기가 민망할 정도로 동생을 구박했고, 결국 손찌검을 하기 시작했다.

하루는 학교에서 돌아와 보니, 배다른 동생은 눈에 시퍼런 멍과 함께 코피를 흘리고 있었고, 술에 취한 어머니는 침대에서 곯아떨어져 있었다. 그 날, 엄마는 동생을 안고 한참 동안을 울었다. 그리고 그 날 이후, 엄마는 어머니와의 보이지 않는 전쟁을 시작했다. 어머니의 화풀이 대상이 동생이 되지 않도록 만드는 방법은 오히려 자신이 어머니의 미움의 대상이 되는 것밖에 없다고 생각한 것 같다.

마침내, 어머니는 엄마에게도 손찌검을 하기 시작했다. 고등학교를 졸업할 때까지 어머니의 폭력은 점차 거세졌고, 그때마다 엄마도 강렬하게 저항했다. 어머니에게 비참하리만큼 폭행을 당했을 때도, 엄마는 늘 겁에 질린 동생에게 불똥이 튀지 않도록 신경을 써야 했다.

그 때 엄마가 선택한 방법은 끝까지 잘못했다고 빌지 않고 어머니와 대립각을 세우는 일이었다.
상담 중, 엄마는 자신이 결국 자신의 어머니와 같은 사람이 되고 말았다며 심한 자책감에 빠지기도 했다. 가정폭력의 피해자여서 결국 보고 배운 대로 행하는 가해자가 되었다는 공식을 과연 여기에 그대로 대입해도 되는 것일까?

2
폭력 행위 뒤에 도사리고 있는 수치심

엄마가 큰딸과 작은딸에게서 왜 다른 가해경험을 하는 것일까? 첫째 아이에게는 폭력의 유전자가 발동하고, 둘째 아이에게는 그 유전자가 갑자기 효력을 미치지 않는다면 이것은 이상한 일일 것이다.
이 엄마가 큰딸에게서 보는 이미지는 무엇일까? 자신의 큰딸은 절대로 잘못을 말하지 않는다고 했다. 물론 뉘우치지 않는 자녀가 괘씸하게 여겨질 수 있다. 하지만, 주체할 수 없을 정도의 폭력행위를 감행한다는 것은 뭔가 석연치 않은 부분이 있다. 한번 발동이 걸리면 멈출 수가 없을 정도라면 정말 이상하다.
엄마는 잘못했다 말하지 않고 저항하는 자신의 딸을 보면서 왜 이성을 잃을 정도로 흥분상태가 되었던 것일까? 심층 상담 중에 이 엄마는 작은딸과는 달리, 단 한 번도 자신의 잘못을 인정하지 않고 대드는 큰딸의 모습 속에서 갑자기 오래전 자신이 배다른 여동생을 보호하기 위해 저항했던 본인의 옛 모습이 슬쩍 스쳐 지나가는 것을 발견하였다. 그 사실을 알리자 엄마는 이내 갑자기 큰 충격을 받았다. 말을 잇지 못할 정도였다. 전에는 전혀 눈치채지 못했던 일이라고 했다.
엄마는 자신의 무의식 가장 밑바닥에 꽁꽁 숨겨놓았던 옛 모습을 꺼내놓자마자 어깨를 들썩이며 울기 시작했다. 자신의 어머니가 아버지로부터 폭력을 당했을 때, 아무런 역할을 못했던 어린 큰딸의 죄책감이 있어서일까? 어머니가 혼자 남겨진 뒤, 배다른 동생에 대한 폭력으로 되갚음을 할 때는 말리고 싶지만 말릴 수 없었다. 불쌍한 동생을 위해 자신이 할 일은 대신 매를 맞는 일이었고, 어머니에게는 동생보다 더 못된 딸이 되는 길을 택했다.

엄마가 기억하는 중 · 고등학교 시절, 자신의 모습은 너무나 비참했다. 알코올 중독자처럼 변해가는 어머니 앞에서 자신은 마치 샌드백이 된 기분이었다고 했다. 게다가 어린 동생 앞에서 늘 짐승같이 매 맞는 모습은 너무나도 수치스러웠다고 말했다. 엄마는 십 대의 모든 기억을 무의식의 가장 어두운 곳에 가둬 버렸다. 다시는 기억하고 싶지 않은 수치스러운 장면들까지도.

그러던 중, 갑자기 훌쩍 자란 자신의 아이가 십 대가 되고 나니, 자신의 무의식 밑바닥에 깊이 묻어둔 기억들이 꿈틀거리기 시작했다. 자신도 모르게 엄마는 이러한 수치스러운 기억이 다시 떠오르지 않도록 하게 하는 방어 장치가 필요했다. 자녀의 행동에 대한 심한 격노와 폭력은 바로 이러한 수치심과 모멸감이 느껴지지 않도록 출동한 응급지원대였다.

6개월 가까이 되는 시간 동안 엄마의 오랜 수치심이 상담사로부터 충분히 공감받고, 그녀가 가진 상실감에 대한 애도가 충분히 진행되었다. 상담사는 그녀가 가진 매 맞는 아이의 모멸감과 수치심은 부끄러운 게 아니었다고 알려주었다. 폭력적인 아버지로부터 어머니를 지키고자 했던 아이의 마음, 배다른 동생이지만 보호해 주고 싶어 했던 그 마음은 부끄러워할 일이 결코 아니라고 말이다.

엄마에게 작은딸의 모습은 엄마가 발끈하여 방어적인 행동을 일으킬 만한 일이 아니었지만, 큰딸의 저항하는 모습은 엄마의 내면 시스템이 비상사태를 선포하고 격한 분노와 돌발적인 폭력을 발동시켜 숨겨져 있는 수치심을 보호하고자 했던 것이다. 이러한 사실을 알게 된 엄마에게 더욱 필요했던 것은 부끄럽게 숨겨왔던 어린 시절 자신의 기억들을 다시금 기억하고 더는 부끄럽게 여기지 않는 것이었다.

대부분의 자녀 폭행 사건이나 자신의 아이를 무참하게 폭행하고 죽음에 이르게 하는 이들은 특별하게 못된 폭력 유전자를 가진 사람들이 아닐 수 있다. 오히려 그 부모들은 지독하게 자신을 부끄러워하는 수치심과 모멸감을 가슴 깊이 묻어놓고 살아온 사람들일 수 있다. 어쩌면 그들에게 필요한 것은 인성교육이 아니라, 자신의 뿌리 깊은 상처를 다시금 꺼내놓는 용기와 치료적인 도움이 필요할지 모른다.

3
세상에서 가족관계가 가장 힘든 이유

어느 라디오 방송에서 나는, 인간이 맺는 관계 중 가장 힘들고 가장 많은 노력이 필요한 것은 바로 가족관계라는 것을 언급한 적이 있다. 내 딴에는 너무도 당연한 이야기라고 믿었는데, 이색적인 주장을 펼친다는 기사가 난 적이 있다. 당시, 세간을 떠들썩하게 하는 가정의 비극적인 사건들이 온 국민들을 충격으로 몰아넣고 있었다. 이른바 '서초동 세 모녀 살해' 사건과 '안산 인질극 살해' 사건 등이다. 이러한 사건을 대하면, 우리는 먼저 '어떻게, 가족끼리 저런 일을 벌일 수 있을까?'라는 의구심으로 혀를 차는 경우가 대부분이다. 그러나 나는 생각이 조금 다르다. 가족과의 관계를 모두들 가장 쉽게 여기지만, 실상은 그렇지 않다는 얘기다. 같은 식구라면 무조건 세상에서 가장 친밀한 관계가 저절로 유지될 수 있다고 믿는 환상 자체가 문제다.

최근, 가족을 연구하는 한국의 학자들은 의식주를 다루는 '가정'이라는 용어와 가정을 구성하는 사람들인 '가족'이라는 용어를 나누어 구태여 다르게 사용하려는 경향이 있다. 내가 가르치는 대학에는 '가정대학'이란 이름의 단과대학이 있었다. 그런데 그 가정대학이 지금은 '생활과학대학'이라는 이름으로 바뀌었다. 당시 가정대학에 소속된 학과는 '의생활학과', '식생활학과' 그리고 '주생활학과'로 나누어져 있었다. 당시에는 이렇게 '가정Household'이라 하면, 의식주와 같은 생활환경이 주요한 연구주제였던 것이다.

그런데 갑자기 '가정'에서 '가족'을 일부러 구별하려는 이유는 무엇일까? 그동안 한국 사회가 가정 내 의식주 생활 문제에 치중하는 데 머물러 왔다면, 이제는 '사람들People', 즉 가정구성원들의 관계를 다루는 '가족Family'이 더욱 중요해진 사회가 되었다는 점을 반영한다. 그리고 그 가족들의 관계는 사회의 그 어느 관계보다도 친밀해 보이지만, 실상은 가장 잘 모르는 멀고 먼 관계일 수도 있다는 점을 반드시 알아야 한다.

'서초동 세 모녀 살해' 사건을 다루던 한 라디오 방송에서 나는 다음과 같은 질문 하나를 받았다. 당시 사건은 생활고에 시달리다 극단적인 선택을 하는 빈곤층 가정의 일반적인 경우와는 달리, 이 가정은 외제 차와 10억 원이 넘는 자기 소유 아파트까지 있었던 경우여서 겉으로는 다복해 보였을 이 가정에서 어떻게 이런 비극적인 사건이 발생했느냐는 질문이었다.

앞서 우리가 흔히 접하는 가정폭력의 배후에는 숨겨진 정서 경험이 자리 잡고 있다고 지적했다. 이는 분명 가족구성원끼리 겪는 관계의 문제이지, 의식주와 연관된 문제가 아니다. 가난과 빈곤으로 인해 발생한 의식주의 문제로만 본다면, 대한민국의 부촌인 서초동에 거주하는 한 가장의 심리적인 내면 문제를 이해하기 어렵다.

소득이 선진국 수준으로 높아져도 한국인들의 전반적인 정신건강 지표는 바닥으로 떨어지고, 아무리 잘살게 되어도 늘 다른 사람들과 비교하여 부족하게 느끼는 이유는 뭘까?

한국의 독특한 집단주의 문화 내에서 스스로 만족감을 갖기란 어렵기 짝이 없다. 늘 다른 사람들보다 못한 부족함만 확대하여 느낀다. 이 서초동 가장도 심리적으로 겪는 40대 가장들의 상대적 박탈감과 모멸감의 문제를 그대로 안고 있었을 가능성이 높다.

이유는 깊숙이 자리 잡고 있는 수치심과 연관이 있다. 늘 나 자신으로 만족하지 않고 남에게 보이는 나, 다른 사람들이 평가하는 나에 대한 생각이 지배적이기 때문이다. 그 내면에는 있는 그대로의 자신의 모습은 늘 부끄러워하는 부실한 자존감이 자리 잡고 있다.

당시 그 사건에서 눈여겨볼 만한 대목이 하나 있다. 그 서초동의 실직 가장은 자신의 실직 사실을 아내에게만 말하고, 두 딸은 물론 자신의 부모님과 처가에도 말하지 않았다고 한다. 과연 자신에게 위기가 생겼을 때 가족에게 숨기는 것이 능사일까? 그 가장은 왜 두 딸에게, 다른 가족들에게 말하지 못했을까? 결국 그렇게 숨길 수밖에 없었던 자신의 부끄러운 모습, 그의 수치심과 모멸감이 더 큰 화를 불러온 것일 수도 있다.

그러면 어떻게 해야 이러한 가장의 비극을 막을 수 있었을까? 아무리 부끄러운 모습의 자신일지라도, 가정에서만큼은 판단하지 않고 비난하지 않고 받아주는 푸근한 가족들이 있어야 한다. 가족은 평가하는 대상이 아니라, 수용하고 공감하는 대상이어야 하기 때문이다. 가장은 물론, 모든 가정 구성원들의 소박한 행복이 보장되려면, 가족끼리는 부끄러운 이야기를 꺼낼 수도 있고, 나눌 수도 있어야 한다.

지금 여러분에게도 가족에게조차 꽁꽁 숨기고 있는 부끄러운 기억이 있는지 곰곰이 생각해보자. 물론 너무 꽁꽁 숨겨져 있어서 상담 전문가에게 가서 면담하지 않으면 드러나지 않을 만큼 감춰진 기억도 있을 것이다. 그렇다면, 지금 당장 옆에 있는 가족들에게 이렇게 말해보자.

"어려운 일이 있으면 언제든지 내게 이야기하고, 나는 늘 당신 편인 것을 기억해!"라고 말이다.

4
가족의 극단적 선택을 막는 법

가족치료를 연구하는 임상가들이 쓰는 용어 중 '희생양Scapegoat'이라는 표현이 있다. 가족관계 중 엄마와 아빠 사이에 끼여 희생당하는 아이를 주로 일컫는 말이다. 엄마와 아빠의 갈등이 심할 경우, 두 사람은 아이를 매개로 줄다리기한다. 엄마와 아빠가 갑자기 이혼하여 남남이 될 경우, 아이는 부모 중 한 명에게 심리적인 충성서약을 해야 한다. 엄마와 함께 살게 된다면, 엄마와 함께 아빠를 미워해야 한다. 그래야 엄마와 연결될 수 있다고 믿기 때문이다.

얼마 전, 부부 싸움 후 남편에 대한 분노 때문에 6살 아들을 목 졸라 숨지게 한 비정한 엄마가 스스로 목숨을 끊으려 하다 결국 경찰에 자수한 일이 있었다. 이처럼 우리는 가끔 미디어를 통해 생활고로 혹은 우울증이나 부부 불화로 인해 어린 자녀와 동반으로 목숨을 끊으려 하는 부모들의 이야기를 접하곤 한다. 과연 부모에게 자녀의 생명까지 뺏을 수 있는 권리가 있는 걸까?
가끔 나는, 왜 '부모자녀 동반자살'이 자꾸만 발생하는지 그 이유가 궁금하다는 질문을 받곤 한다. 그런 질문을 받을 때면 나는 한국 가족주의 문화에서 부모자녀 간의 '분화Differentiation'가 힘든 것이 가장 큰 이유라고 이야기한다. 유아기 시절 갓난아이는 자신의 생존을 위해서 부모와 한 몸처럼 지내는 것이 당연하지만, 자기 발로 걷기 시작하면 아이는 즉시 부모와는 분리된 독립적 개체가 된다.

여기서 말하는 분화는 '분리Separation'와는 다른 개념이다. 자녀의 생각과 느낌이 부모의 그것과는 다를 수 있다는 점을 수용하는 것이 바로 분화다. 그런데 한국의 부모는 이를 도무지 받아들이지 못한다. 자신이 힘들면 아이도 힘들 것이라고 여기고, 자신이 비참한 느낌이면 아이들도 꼭 같이 느낄 것이라 단정하게 된다. 그러니 자녀의 죽음을 자신이 결정해도 된다는, 말도 안 되는 선택을 하는 것이다. 자녀의 감정 따위를 헤아려 줄 여유가 전혀 없다.

모름지기 한국의 부모는 자녀의 몸은 자신과 따로 존재하지만, 자녀의 생각이나 감정은 부모와 다를 수 없다고 여기는 것 같다. 이혼한 부부의 경우, 부인이 미워하는 전 남편을 자신과 함께 사는 딸이 함께 미워해 주기를 당연히 기대하게 된다. 심지어 한국의 부모들은 성인 자녀의 결혼할 대상까지도 부모가 허락을 해주는 것이 당연하다고 여길 정도이다. 그러니 서구의 가족연구자가 한국 부모들의 분화를 점수로 매긴다면 바로 낙제점이다.

또한 분화란 개념은 자녀가 부모의 집을 물리적으로 떠난다는 '분가分家'와도 전혀 다르다. 부모 곁을 떠나면 분화가 이루어지리라고 기대하는 딱한 자녀들도 있다. 절대적으로 오산이다. 자녀가 성인이 되어 분가를 하고, 자녀를 낳아 어엿한 부모가 되었어도 부모와의 분화가 이루어지지 않는 경우가 대부분이다.

자녀는 나이를 아무리 먹더라도, 부모와 아무리 멀리 떨어져 살더라도 늘 자신의 감정을 부모에게 맞추며 살아야 한다고 여기는 부모들이 너무도 많다. 분가해도 분화가 어렵다면 도대체 어떻게 할 것인가? 한국의 자녀들이 부모의 폭력이나 극단적인 선택의 희생자가 되지 않도록 하려면 어떻게 해야 할 것인가? 이는 우리가 꼭 풀어야 할 문화적인 숙제다.

먼저 부모가 일찍부터 분화를 연습해야 한다. 엄마 손을 잡기 싫어하는 3살짜리 자녀를 키울 때부터 분화를 연습하기 시작해야 한다. 말대꾸하고 자기 생각을 우기기 시작하는 청소년 자녀들도 이제 부모와는 전혀 다른 인격체라는 점을 받아들이는 것이 분화의 시작이다. 서구사회의 부모는 아이가 아주 어릴 때부터 분화를 연습한다. 서너 살 딸아이의 방에 들어가려고 해도 노크를 하고, 자녀가 원하지 않으면 방에 들어가지 않는, 미국 부모들의 자연스러운 태도가 바로 건강한 분화의 모습이다. 서구사회에서 부모와 자녀의 동반자살은 결코 흔치 않은 현상인 것은 바로 이런 건강한 분화가 일찍부터 진행되었기 때문이다.

그리고 부모들의 부담감과 스트레스를 풀기 위한 사회적인 장치도 필요한 시대다. 부모가 자신의 원가족으로부터 간직해온 심리적인 불안, 모멸감, 그리고 수치심 등이 있다면 무의식 밑바닥에 꽁꽁 숨겨두지 않고, 누군가와 나누고 충분히 공감받을 수 있는 대상이 있어야 한다. 경제위기에 직면한 가정마다 부모들이 분노조절에 실패하여 극단적인 선택으로 가지 않도록 하는 국가적인 도움 역시 반드시 필요할 때다. 나는 우리나라가 직면한 정신건강의 해법이 예방차원보다 너무 사후조치 중심으로 되어 있는 점이 가장 큰 문제라고 본다.

나는 우울증을 '영혼의 감기'라고 비유하곤 한다. 가벼운 감기가 심한 감기로 가지 않도록 미리 조치하고 평소 심리적인 면역체계를 보강하면 자연스럽게 치유된다는 점을 강조하기 위해서다. 그래서 이런 예방과 교육을 담당할 심리상담 전문가의 역할이 중요하다.

2014년 1월 16일. 정부는 '정신보건법 전면개정안' 국회에 제출한 바 있다. 정부가 제출한 안의 주요 요지는 지역사회의 중증 정신질환자

뿐 아니라, 전 국민의 정신건강을 위해 예방과 교육을 확대해 조기 발견과 치료를 하자는 것이었다. 하지만 전면개정안의 좋은 취지에도 불구하고 법 시행의 활동공간은 의료기관 중심의 치료활동을 강화하는 것이기에 반대도 만만치 않았다. 중요한 것은 부모를 비롯한 우리 모두가 자신이 가진 심리 내면의 여러 가지 상처들을 미리 이야기하고 나눌 수 있는 전문가를 손쉽게 자신의 지역에서 만날 수 있는 환경을 조성하는 일이다.

'상담相談'은 말 그대로 서로서로 대화를 나누는 일이다. 그렇다면 누구와 어떤 대화를 나누어야 할까? 친구들과 잡담을 나누는 것은 상담이 될 수 없을 것이다. 자격증을 가진 전문상담사와 이야기를 나눈다고 그 대화가 저절로 상담이 되는 것도 역시 아니다. 누구와 이야기를 하든지 속 깊은 감정의 대화를 나눌 수 있어야 비로소 '상담'이라고 할 수 있다. 무의식 깊숙이 묻어두고 감춰두었던 상처와 감정들을 있는 그대로 수용하고 나눌 수 있는 대상이 있다면 그와 나누는 대화가 바로 제대로 된 상담인 것이다.
폭력의 유전자를 가진 나쁜 부모에게만 전문 상담이 필요한 것이 아니다. 우리 모두가 마음이 건강한 부모, 행복한 가족관계를 완성해 가기 위해서는 가족 구성원 모두가 서로서로 감정을 존중하고 공감해주는 진정한 상담자가 되어야 할 것이다.

Part 2

뇌과학을 반영한 뇌교육

1.
뇌교육을 기반으로 한
뇌의 가소성

2.
감성과 이성의 중추로서
변연계와 대뇌

3.
뇌과학을 뇌교육으로
전환하는 질문들

4.
가치 있는 삶과 내러티브를 통한
뇌교육

5.
뇌교육의 초점은
어디에 둘 것인가?

뇌교육을 기반으로 한 뇌의 가소성

인간은 생각하는 동물이다. 인간은 치타처럼 빨리 달리지도 못하고, 개처럼 후각이 발달하지도 못했으며, 곰처럼 힘이 세지도 못하지만 생각하는 능력, 즉 사고력은 여타의 동물들 중에서 단연 최고다. 그런데 이런 인간 사고력의 비밀은 바로 인간의 뇌에 있다.

인류의 진화 과정을 살펴보면 몇 가지 특징들이 나타나는데, 그중 가장 대표적인 것은 인류가 뇌의 용량을 증가시키는데 모든 노력을 집중해 왔다는 점이다.
기원전 400만 년 무렵에 생존한 것으로 추정되는 오스트랄로피테쿠스Australopithecus의 뇌 용량은 400cc정도였는데, 그 이후로 인류의 뇌 용량은 계속 증가해 왔다. 기원전 200만 년 무렵의 호모 하빌라스Homo habilas의 뇌 용량은 약 750cc로 증가했으며, 기원전 100만 년에 생존했던 호모 에렉투스Homo electus의 뇌 용량은 1,000cc까지 증가했다. 그리고 기원전 20만 년에 출현한 호모 네안데르탈렌시스Homo neanderthalensis와 호모 사피엔스 사피엔스Home sapiens sapiens의 뇌 용량은 각각 1,600cc와 1,350cc였다.

여기서 흥미로운 점이 하나 있다. 끝까지 살아남은 종이 뇌 용량이 더 큰 호모 네안데르탈렌시스가 아니라, 호모 사피엔스 사피엔스였다는 점이다. 왜 더 적은 뇌용량을 가진 종이 생존에 유리했을까? 진화의 방향이 그렇게 전개된 원인에 대해 여러 학설들이 있는데, 그중 가장 유력한 것은 인체공학적 차원에서 뇌 용량의 한계와 포유류의 출산이다. 1,600cc의 뇌는 척추가 지탱하기 어려운 무게로 자유로운 직립보행을 불가능하게 했을 뿐만 아니라, 큰 머리는 출산 시에 태아와 산모의 목숨을 위태롭게 만들었다는 것이다. 그러나 뇌의 능력을 증가시키는 인류의 노력은 여기서 끝나지 않았다. 현생인류는 대뇌피질에 많은 주름을 만들어 신경세포들이 자리 잡을 수 있는 면적을 증가시킴으로써 뇌의 능력을 더욱 증가해 왔다.

하지만 뇌의 용량이 크다고 해서 반드시 지능도 높은 것은 아니다. 아래 표에서 볼 수 있듯이 돌고래나 코끼리는 인간보다 더 큰 뇌를 갖고 있지만 인간의 지능은 돌고래나 코끼리보다 훨씬 더 높다. 이 점을 감안하여 서로 다른 종들 사이의 뇌 능력을 비교하기 위해 뇌화지수Encephalization quotient가 개발되어 사용되고 있는데, 뇌화지수가 클수록 지능이 높다는 것을 확인 할 수 있다.

뇌화지수

〈표 1〉

종	뇌의 무게(g)	뇌화지수
인간	1,350	7.4
돌고래	1,600	5.3
침팬지	400	2.4
코끼리	4,200	1.8
개	64	1.2
고양이	23	0

인류의 진화는 다른 무엇보다도 지적 능력을 증가시키는데 초점을 두었다. 따라서 인간이 생각하는 동물인 이유가 바로 여기에 있다.

1

시냅스

인간의 뇌에는 약 1,000억 개의 신경세포neuron가 있는데, 그중에서 약 200억 개는 뇌의 가장 바깥 부분인 신피질에 있다. 신경세포는 [그림 1]에서 볼 수 있듯이 신경 세포체, 세포핵, 수상돌기, 축삭으로 크게 구성되어 있는데, 수상돌기를 통해 이웃 신경세포로부터 정보를 받아서 축삭 말단을 통해 또 다른 신경세포로 그 정보를 전달한다.

✎ 신경세포 ✎

출처 : 누리위키

〈그림 1〉

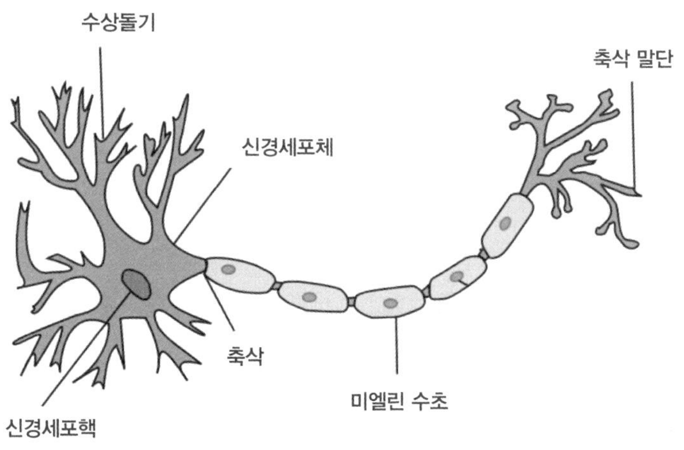

인간의 뇌를 이해하는 데 있어서 중요한 점은 약 1,000억 개라는 엄청난 수의 신경세포가 존재한다는 점이 아니라 그것들 간의 연결 방식에 있다.
인간의 뇌에서 신경세포들의 연결 부분을 시냅스synapse라고 하는데, 시냅스에서 신경세포들은 직접적으로 연결되어 있지 않고 약간 떨어져 있다. 신경세포에는 미세한 전류가 흐르고 있으며 신경 자극은 그런 전류의 흐름을 통해 전달된다. 신경세포들 간의 정보가 전달되는 방식을 보면, 먼저 신경세포의 한쪽에 있는 축삭 말단에서 신경전달물질이 방출되고, 방출된 신경전달물질은 다른 신경세포의 수상돌기에 작용하여 전압의 차이가 발생한다. 신경세포 간의 전압의 차이를 감소시키는 시냅스를 '흥분적'이라고 하고, 전압의 차이를 증가시키는 시냅스를 '억제적'이라고 하는데, 시냅스가 흥분적이 될수록 정보는 잘 전달된다.

신피질 내 하나의 신경세포들은 각각 약 1,000개의 다른 신경세포와 연결되어 있다. 뇌 안에 약 1,000억 개의 신경세포가 있으니 약 100조 개의 시냅스가 있는 셈이다. 인간의 뇌는 1,000억 개의 신경세포와 100조 개의 시냅스로 구성된, 거대한 신경망이며 병렬적이고 분산적인 방식으로 작동하고 있는 것이다. 즉, 뇌는 정보를 처리하는 데 있어서 각각의 신경세포를 제어하는 중앙처리장치CPU가 없다는 점에서 병렬적 방식으로 작동한다. 또한 뇌에서 진행되는 정보처리는 특정한 신경세포들에 국한되는 것이 아니라 전체 신경세포들이 참여한다는 점에서 분산적 방식으로 작동한다. 최근 우리에게 잘 알려진 알파고는 이러한 작동 방식을 모의하는 인간 뇌의 인공 신경망을 기반으로 구성된 인공지능이다.

2

뇌의 가소성

인간의 뇌는 인간을 '인간'으로 특징짓는 중요한 기관이기 때문에 무엇보다도 다양한 손상과 장애로부터 회복되어야 할 뿐만 아니라, 생존에 적합한 기능을 유지할 필요가 있다. 이런 요구를 충족시키는 뇌의 성질을 '뇌의 가소성'이라고 하는데, 뇌의 가소성이 높을수록 뇌는 변화하는 주변 상황에 유연하게 대응하고 적응할 수 있으며, 이런 점에서 인간의 성장과 교육은 뇌의 가소성에 기반을 두고 있다.

뇌의 가소성은 크게 다음의 두 가지로 구별된다.

① 회복 가소성 : 이것은 뇌의 특정한 부분이 손상되었을 때 다른 부분이 그것의 기능을 대신하는 성질이다. 외상사고로 인한 뇌손상이나 뇌졸중을 비롯한 뇌질환은 성인의 경우 심각한 인지적 장애를 유발하며 그런 장애를 완벽하게 회복하는 것은 거의 불가능하다. 그러나 출생 전후에 발생한 뇌손상의 경우에는 사정이 다르다.
캘리포니아 대학교의 조안 스틸레스Joan Stiles 교수팀의 연구에 따르면, 출생 전후 뇌 손상을 입은 유아들은 생후 9~12개월 시점에서 단어 이해력 단계, 12~15개월 시점에서 단어 발성 단계가 지연되어 나타나기도 한다. 그러나 5세가 되면 그들은 (종종 정상 수준에는 미치지 못하는 경우도 있지만) 정상적인 언어능력을 갖게 된다.

② 학습 가소성 : 이것은 학습과 경험을 통해 신피질의 구성이 변화하는 성질이다. 그 변화는 신경세포가 생성되거나 소멸되고, 시냅스가 생성되거나 소멸되고, 강화 또는 약화되고, 시냅스의 길이가 변화하는 것 등으로 나타난다. 이처럼 학습과 경험은 신경세포의 생성 소멸과 시냅스의 변화를 야기하는 데, 그런 변화의 결과는 다시 새로운 학습과 경험의 가능성을 위한 기반이 된다.

여기서 아이들의 교육과 관련하여 우리가 유의해야 할 매우 중요한 점이 있는데, 그것은 바로 시냅스의 생성과 소멸은 [그림 2]에서 볼 수 있듯이 나이에 따라 일정한 패턴을 보인다는 점이다.

✎ 연령 별 시냅스 생성과 소멸 ✎

출처 : C.R. Reynolds, E. Fletcher-Janzen, *Handbook of Clinical Child Neuropsychology*, 2009

〈그림 2〉

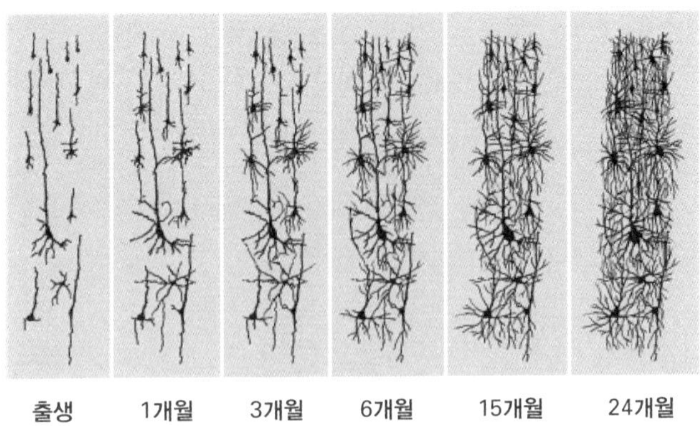

출생 1개월 3개월 6개월 15개월 24개월

우선 2세(24개월)가 되면 뇌 안에는 시냅스가 최대로 형성된다. 이처럼 최대로 형성된 시냅스는 비유하자면, '뇌'라는 좁은 공간에 지나치게 많은 사람이 살고 있는 도시라 할 수 있다. 그 결과 2세 이후, 이미 형성된 시냅스는 솎아내기 작업이 진행된다. 즉, 필요 없다고 판단되는 시냅스가 소멸되기 시작하는 것이다. 그런 솎아내기 작업에는 6세와 14세, 이렇게 크게 두 단계의 기점이 있다. 6세에는 최대 시냅스의 약 1/4 정도가 제거되는데 특히 청각과 시각영역에서 솎아내기가 활발하다고 알려져 있다. 그리고 14세에 이르면 다시 남은 시냅스의 1/3 정도가 제거되는데, 특히 전전두엽에서 솎아내기가 활발하게 진행된다. 그 결과 2세에 최대로 형성된 시냅스는 약 절반이 남아서 성년까지 유지된다.

시냅스의 솎아내기는 2세, 6세, 14세를 기점으로 진행되므로 우리는 그 현상과 관련된 법칙을 연령에 비유하여 '2-6-14 법칙'이라 할 수 있다. 2-6-14 법칙은 교육적으로 어떤 의미를 가지고 있을까? 아이 교육과 관련하여 그 법칙은 다음과 같은 중요한 의미를 갖는다.

첫째, 인간의 뇌는 2세에 이르면 과밀화 상태에 이른다. 즉 1,350cc 안에 1,000억 개의 신경세포와 100조 개의 시냅스가 거의 모두 구현된다는 것이다. 이런 뇌의 과밀화는 뇌의 효율성과 경제성을 고려할 때 바람직한 현상으로 볼 수 없으므로 생존에 필요한 신경세포와 시냅스만을 남기고 나머지는 제거된다. 여기서 중요한 점은 2세에 이르기까지 한 인간의 모든 가능성이 구현된다는 점이다. 아이가 태어나서 나중에 어떤 사람이 될 것인지를 결정할 수 있는 '존재의 경계'가 이 시기에 완성되는 것이다. 출생 전후 아이와 관련한 모든 자극과 환경은 그 과정에 중요한 영향을 미칠 것이다. 태교의 중요성이 바로 여기에 있다. 어린이의 뇌는 마치 마른 스폰지처럼 맹렬하게 외부 자극을 흡수하여 자신만의 시냅스 망을 형성해 나간다.

노벨상을 수상한 신경과학자 제럴드 에델만Gerald Edelman 교수는 뇌의 이런 현상을 다윈주의의 입장에서 두 단계로 설명한다. 첫 번째 단계는 수태 직후 시작된다. 초기 신경세포들이 생성되고 증식하고 분화하면서 그것들이 가장 적당한 곳에 자리를 잡게 되고 그 결과 신경세포들의 집합으로서 뇌가 형성된다. 두 번째 단계는 신경세포 간의 연결, 다시 말해서 시냅스가 생성되면서 시작된다. 시냅스들이 생성된 이후 적응력이 있는 시냅스는 잘 생존하고 그렇지 못한 것들은 제거된다.

현재의 뇌과학은 한 어린이를 특정 유형의 인간으로 육성하기 위해 어떤 자극과 교육이 필요한지를 완벽하게 알려 줄 정도로 발전하지는 못했다. 그러나 우리는 과학적 설명이 없이도 이미 "콩 심은 데 콩 나고 팥 심은데 팥 난다"는 속담에서 잘 나타나듯이 유전, 환경, 교육에 따라 어린이의 특정한 시냅스 망에 기반을 둔 존재의 경계가 결정된다는 점을 잘 알고 있다. 우리가 모르고 있는 것은 그 요소들이 정확히 어떻게 어느 정도 영향을 미치는 것이냐는 것뿐이다. 유전, 환경, 교육 중 유전은 우리가 원하는 대로 변경할 수 없는 선천적 요소이다. 환경은 유전만큼은 고정된 것은 아니지만 우리가 노력한 만큼 변경할 수는 있다. 그리고 마지막 요소인 교육이야말로 유전이나 환경이 갖고 있는 선천성과 고정성이라는 제약을 벗어나 있다는 점에서 아이의 성장과 교육에서 가장 중요한 역할을 할 수 있다.

유아의 뇌에서 나타나는 시냅스 솎아내기는 그 아이가 처한 환경으로부터의 자극과 영향뿐만 아니라 학습과 교육으로 인하여 변화할 수 있다. '2-6-14 법칙'이 말하듯이 14세 이후 형성된 뇌는 우리들 평생의 삶을 뒷받침하는 생물학적 기반이 된다. 아이 교육에서 교육적 환경의 중요성을 가장 잘 보여주는 것으로 '맹모삼천지교孟母三遷之敎'[1]가 있다.

맹자의 사례에서 우리는 '아동기 환경'의 중요성을 잘 알 수 있다. 특히 청소년의 경우 친구의 역할이 중요하다. 탬플 대학교 제이슨 체인Jason Chein 교수팀은 청소년들이 친구들과 함께 있으면 평소와는 매우 다른 행동을 하는 이유를 연구했다. 그들은 청소년과 성인을 대상으로 자동차 운전을 모의하는 실험을 통해 혼자 운전할 때와 옆방에서 친구가 지켜보고 있을 때 정지신호를 준수하는지를 확인했다. 실험 결과, 성인 운전자의 경우는 그 두 가지 경우에 큰 차이가 나타나지 않았지만 청소년 운전자의 경우 친구가 보고 있을 때, 보다 더 위험한 판단을 내리고 사고도 더 많이 유발하는 것으로 나타났다.

왜 청소년들은 혼자 있을 때보다 친구들과 같이 있을 때 충동적이 되는가? 그 이유는 청소년의 뇌는 14세가 넘어 19세에 이르러서야 비로소 완성된다는 데 있다. 나중에 설명 하겠지만 인간의 뇌에는 감정이 솟아나는 부분과 감정을 통제하고 이성적 판단을 내리는 부

1. 맹자는 일찍이 아버지를 여의고 자랐는데 처음에는 공동묘지 부근에서 살았다. 어린 맹자는 이웃 아이들과 어울려 죽은 사람을 땅에 묻거나 땅에 엎드려 대성통곡하는 흉내를 내면서 놀았다. 이를 본 맹자 어머니는 아이 교육을 위해 시장 옆으로 이사를 했는데 이번에는 맹자가 아이들과 장사하는 흉내를 내면서 놀았다. 맹자 어머니는 다시 서당 근처로 이사했고 마침내 맹자는 책을 읽고 글을 배우는 일에 열중하는 태도를 보였다고 한다.

분이 있는 데 청소년의 뇌는 아직 후자의 부분이 완성되지 않은 상태에 있다. 그 결과 청소년들이 특정한 환경에서 모이는 경우 그것은 '이성적으로 잘 통제되지 않은 뇌들'의 모임이 될 가능성이 높다. 그 결과 청소년들의 모임에서 일시적 기분에 휩싸여 모험심을 발휘하거나 매우 위험한 행동이 아무런 주저 없이 나타나게 된다. 그렇다고 해서 청소년들이 함께 모이지 못하게 하거나, 친구를 사귀지 못하게 막는 것은 매우 어리석은 일이 될 것이다. 청소년들은 또래의 아이들과 생활하면서 학습하고 성장하므로 중요한 것은 청소년의 모임이 보다 이성적이 되도록 세심하게 배려를 해주어야 하는 것이다.

둘째, '2-6-14 법칙'에 따르면 2세 전후로 최대의 시냅스가 형성된다고 했는데, 2세 전후로 뇌의 주인이 어떤 인격과 자아를 갖춘 사람이 될 것인지 결정된다는 점에서 2세 전후의 교육 환경은 매우 중요하다. 특히, 2세 전후는 생존에 필수적인 요소들을 하나씩 학습하게 된다. 예를 들어, 18개월의 유아는 어떤 일련의 사건에 대해 간단한 인과 관계를 알기 시작하고, 3세가 되면 인과 관계를 활용하여 예측도 할 수 있다.

3세 이후의 어린이들은 세계에 대한 사람들의 믿음이 거짓일 수 있다는 점을 이해하기 시작한다. 허위 믿음 검사False Belief Test라는 테스트가 있는 있는데 이 테스트는 이러한 점을 잘 보여준다. 예를 들어, 영희와 소영이가 방에서 공놀이를 하고 있다고 가정해 보자. 공놀이가 끝나고 영희가 공을 바구니에 넣어두고 방을 나간 후 소영이가 그 공을 바구니 옆에 있는 상자에 옮겨 놓았고, 영희가 다시 방으로 돌아왔다고 하자. 영희는 공을 찾기 위해 어디를 살펴볼 것인가? 정답은 당연히 바구니다. 왜냐하면 영희는 소영이가 공을 바구니에서 상자로 옮겨 놓은 사실을 모르기 때문이다.

이러한 상황을 모두 지켜본 다른 아이에게 "공은 어디에 있지?"라고 질문을 했을 때 정답인 '바구니'라는 정답을 말하면 그 아이는 허위 믿음 검사를 통과했다고 할 수 있다. 다시 말하면, 영희가 바구니에서 공을 찾을 것이라고 대답을 하는 어린이는 그 검사를 통과한 것이다. 여기서 중요한 점은 허위 믿음 검사를 통과한 어린이는 자신의 입장이 아니라 영희의 입장에서 생각하고 있다는 점이다. 허위 믿음 검사를 통과한 어린이는 사람들이 실제 세계와는 다른 신념을 가질 수 있다는 점을 이해하는 능력을 가지고 있다. 즉 그들은 세계에 대한 관찰자의 입장을 취할 수 있으며, 이는 곧 사건에 관한 객관적 판단을 내릴 수 있다는 점을 의미한다.
허위 믿음 실험은 원래 케임브리지 대학교의 심리학자 시몬 바론 코헨Simon Baron-Cohen 교수팀에 의해 수행되었었다. 실험에 참여한 61명의 어린이 중 27명은 정상 어린이, 20명은 자폐증 어린이, 14명은 다운증후군 어린이였다. 코헨 교수에 따르면, 정상 어린이 27명 중 23명85%이, 다운증후군 어린이 14명 중 12명86%이 주어진 질문에 제대로 대답했지만, 자폐증 어린이는 20명 중 단 4명20%만이 제대로 대답했다.

셋째, 2~6세 시기와 6~14세 시기는 시냅스적 혁명기이다. 그 두 시기는 시냅스의 절반이 제거된다는 의미에서 혁명기이다. 무엇이 그런 솎아내기를 일으키는가? 그것은 바로 유전과 환경이다. 유전적 요소는 출생을 통해 아이에게 이미 주어진 것이고, 따라서 변경될 수 없는 것이라고 간주된다. 하지만 교육적 차원에서 보았을 때 유전적 성향을 정확히 파악하여 교육하는 것이 필요하다.

어떤 부모는 자신의 아이가 훌륭한 학자가 되거나 예술가가 되기를 바라기도 한다. 그러나 아이는 부모로부터 각각 절반의 유전자를 이어받았기 때문에, 정확히 말하면 부모에게 없는 재능은 아이에게도 나타나지 않을 가능성이 높다. 물론 부모에게는 아직 발현되지 않은 숨겨진 재능이 있을 수 있기 때문에, 부모는 아이가 어떤 재능을 갖고 태어났는지를 파악하고 그것을 제대로 길러주어야 한다.

오래전부터 본성nature과 양육nurture 중 어느 것이 인간을 결정하는데 더 중요한 역할을 하는지에 관한 논쟁은 계속되어 왔다. 본성은 유전적으로 주어진 선천적 요소이며, 양육은 출생 이후의 환경에 속하는 후천적 요소이기 때문에 그 논쟁은 '유전 대 환경'의 논쟁으로 불리기도 한다. 이 논쟁을 통해 본성과 유전의 우월성을 주장하는 입장과 양육과 환경의 우월성을 주장하는 입장이 팽팽한 평행선을 달리고 있으며, 그 두 가지 입장 중 어느 한 편을 지지하는 결정적인 과학적 증거는 아직 발견되지 않고 있다.

넷째, 14세의 중요성은 아무리 강조해도 지나치지 않다. 앞에서 보았듯이 인간의 뇌는 만 14세에 이르러 최대한으로 형성된 시냅스 중 약 절반을 솎아낸다. 왜 이 시기에 그런 급격한 시냅스 솎아냄이 발생하는지는 아직 과학적으로 충분히 밝혀지지 않았지만 솎아내기의 결과를 짐작하기는 크게 어렵지 않다. 왜냐하면 우리는 직접 그 시기를 경험했고 아이들을 통해 간접적으로 그것을 다시 경험하고 있기 때문이다.

14세의 특징은 정신적 혼돈이다. 인간의 뇌는 다른 인체 기관과 마찬가지로 생물학적 안정과 균형을 통해 항상성Homeostasis을 유지하는 것이 매우 중요하다. 급격한 기온 변화는 생물학적 항상성을 유지하기 위한 조치가 필요하다. 예를 들어 우리는 날씨가 추우면 두꺼운 옷을 입어서 체온을 유지하고, 날씨가 더우면 가벼운 옷을 입어 체온을 유지한다. 그러나 기온변화가 매우 극심하여 기온이 갑자기 영하 50도 이하로 떨어지는 환경에서는 그런 일상적인 조치만으로 생물학적 항상성을 유지할 수는 없다. 마찬가지로 2세 무렵에 형성된 시냅스의 약 1/4이 4년 동안에 제거되고, 남은 시냅스의 약 1/3이 8년 동안에 또다시 제거되는 상황에서는 정신적 항상성을 유지하는데 상당한 어려움이 있을 것으로 추측된다. 다시 말하면 시냅스의 생성과 솎아내기가 반복되는 상황에 놓인 14세의 아이는 정신적 안정을 유지하기가 매우 어렵다는 것이다. 우리 사회에서 심각하게 논의되고 있는 '중2병'은 바로 이로 인해 생기는 사회적 현상이다.

인터넷, 스마트폰, SNS의 영향으로 중2병의 정도가 심각해지는 것도 이유가 될 수 있겠지만, 뇌과학의 관점에서 보았을 때, 중2병은 아이들의 성장 과정에서 나타날 수 있는 자연스러운 현상이라는 점에서 '실존적 병'이다. 하지만 그것은 문자 그대로의 질병을 의미하는 '병'이 아니며 청소년이라면 누구나 경험하게 되는 '정상인의 병'이다. 이후에 좀 더 자세히 논의되겠지만 우리의 사고와 행동을 통제하는 전두엽은 19세에 이르러서야 비로소 완성된다. 그러므로 중2병은 19세까지도 이어질 수 있다. 19세 이전의 청소년들은 자신의 행위와 감정을 적절히 통제하는데 어려움을 겪는다. 중2병의 이런 특징을 감안하여 부모들과 교사들은 그들의 행위의 배후에 있는 뇌과학적 기제를 이해하고 효율적인 대처 방안을 모색해야 한다.

그렇다면 중2병을 치유할 수 있는 좋은 방안은 무엇일까? 중2병을 적절히 치료할 수 있는 구체적인 과학적 방안은 아직 우리에게 알려져 있지 않지만 뇌과학의 차원에서 전통적인 지혜를 통하여 중2병에 대처하는 방안을 모색할 수는 있다.

중2병에 대처하는 가장 적절한 방안은 빠른 성장으로 인해 새롭게 마주하는 세계와 더불어 시냅스 솎아내기로 인해 혼란한 상황에 놓여 있는 뇌에 긍정적 자극을 주는 '사랑'이라고 생각한다. 사랑은 시대, 인종, 국경을 초월하여 인간을 성숙하게 만들어 주는 보편적 수단이다. 사랑의 위력을 잘 보여주는 예로서 '성聖 아우구스티누스 Augustinus, 354~430'가 있다.
아우구스티누스는 알제리 태생으로, 기독교의 위대한 교부이고 신학자로서 그의 사상은 중세와 종교개혁 시대를 넘어 오늘날까지도 커다란 영향을 미치고 있다. 그러나 그의 『고백록』에서 볼 수 있듯이, 그는 청소년기와 30세 이전까지도 방탕한 삶을 살았고 마니교에 심취하는 등 종교적으로도 방황했다. 그런 그가 기독교의 성인이 될 수 있었던 것은 스승 암브로시우스와 어머니 모니카의 끊임없는 돌봄과 사랑 덕분이었다. 어머니의 사랑은 아우구스티누스의 뇌의 가소성을 높여주는 환경을 계속해서 만들어 주었고 결과적으로 아우구스티누스는 올바른 길로 되돌아올 수 있었다. 이처럼 인간에게는 바람직한 방향으로 자신의 삶을 이끌어가는 능력이 존재한다.

사랑의 힘을 보여주는 또 다른 사례가 있다. '사이코패스 연구'로 유명한 신경과학자 제임스 팰런James Fallon의 사례다.
팰런 박사에 따르면 사이코패스는 통상적인 견해와는 달리 유전적 요소와 신경생리학적 요소만으로는 결정되지 않으며, 유년 시절의 학대나 폭력 경험이 충족되어야 한다는 것이다. 팰런 박사는 자신의 이런 주장을 뒷받침하기 위해 매우 극적인 증거를 제시했는데, 자신이 유전적으로나 신경생리학적으로 사이코패스 후보에 속한다고 털어놓은 것이다. 우선 팰런의 뇌에 대한 양전자 방출 단층촬영PET 영상은 사이코패스 살인자들의 뇌 영상과 별로 차이가 나지 않았다. 이외에도 팰런은 '모노아민 산화효소 AMAO-A'를 갖고 있었다. 모노아민 산화효소 A는 세로토닌의 방출을 억제하여 공격성을 유발하기 때문에 '전사 유전자Warrior gene'라고도 부르며 사이코패스 행위와 밀접하게 연관되어 있다. 이처럼 팰런은 기능적으로나 유전적으로 사이코패스의 뇌를 갖고 있었음에도 불구하고 다행히도 사이코패스가 되지 않았는데, 그 이유에 대해 그는 사이코패스가 되기 위한 세 번째 요소가 충족되지 않았기 때문이라고 말했다. 즉, 그는 행복한 청소년기를 보냈고 부모로부터 충분한 사랑을 받았다는 것이다.

우리는 아우구스티누스와 팰런의 사례를 통해 환경이 인간의 뇌에 어떤 영향을 미치는지를 확인할 수 있었다. 특히 펠런의 예에서 나타나듯이, 어떤 사람이 유전적으로나 신경생리학적으로 사이코패스가 되도록 결정되었더라도 사랑이 충만한 환경에서 성장하여 사이코패스가 되지 않을 수 있다. 같은 논리로 우리 아이들이 유전적으로나 신경생리학적으로 중2병에 걸리도록 결정되어 있다고 하더라도, 가정과 학교 그리고 사회가 그들을 사랑의 자세로 대한다면 중2병은 심각할 정도로 나타나지 않을 것이라고 말할 수 있다. 사랑으로 뇌의 환경을 변화시킴으로써 아이는 올바른 목표와 방향을 가진 삶을 살아갈 수 있고, 설사 올바른 길을 벗어났을 경우에라도 스스로의 힘으로 올바름을 향해 되돌아올 수 있다. 이것은 사랑이라는 자극이 시냅스 변화에 미치는 영향이 지대하다는 점을 보여주는 부분이며, 이러한 모든 일은 바로 뇌가 가소성을 가지고 있기 때문에 가능한 일이다.

감성과 이성의 중추로서 변연계와 대뇌

뇌의 가소성은 지능과 같은 능력이 향상될 수 있는 생물학적 기반인 동시에 인격적 성숙을 가능케 하는 도덕적 기반이라는 점에서 뇌교육을 가능케 하는 뇌의 핵심적인 특징이다. 우리는 앞에서 뇌의 가소성을 중심으로 경험과 학습 그리고 환경이 뇌에 미치는 영향의 교육적 의미를 살펴보았다.

지금까지 뇌의 가소성은 신경세포 수준에서 검토되었는데, 이제 인간의 뇌를 보다 더 거시적인 차원에서 검토함으로써 뇌교육의 가능성을 살펴보기로 하자. 여기서 논의의 초점은 정신세계의 중요한 두 가지 영역인 감성과 이성이 어떤 방식으로 작동하며, 그것들을 규제하는 뇌의 부분은 어디에 위치하고 있는지, 또한 그것들 간의 관계는 무엇인지를 뇌교육의 차원에서 살펴보는 데 있다.

인간의 뇌는 기능적 관점에서 보면 [그림 3]에서 나타나듯이 삼중의 구조를 갖고 있다.

◆ 뇌의 구조 ◆

출처 : 릭 핸슨, 리처드 멘디우스, 『붓다 브레인』, 장현갑, 장주영 옮김, 불광출판사, 2010

〈그림 3〉

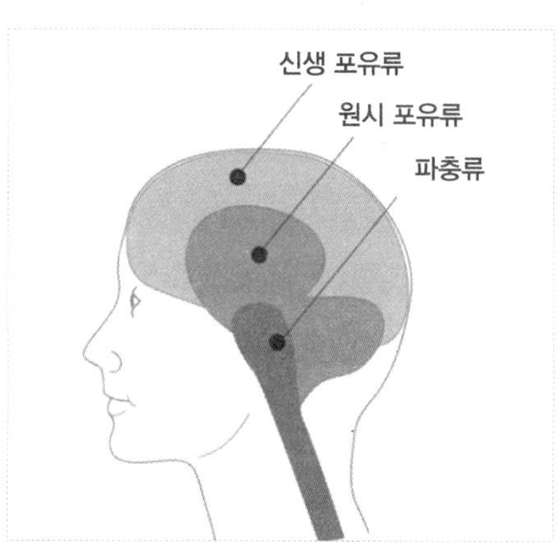

첫째 부분은 '파충류의 뇌'라고 불리는 뇌간과 소뇌이다. 파충류의 뇌는 발생학적으로 가장 먼저 나타났고, 주요 기능은 생명을 유지하는 것이다.

둘째 부분은 '원시 포유류의 뇌'라고 불리는 변연계이다. 변연계는 파충류의 뇌 다음에 나타났는데, 주요 기능은 감정을 촉발하는 것이다.

셋째 부분은 '신생 포유류의 뇌'라고 불리는 대뇌피질이다. 대뇌피질은 앞의 두 부분에 비해 가장 나중에 발생한 부분으로 주요 기능은 언어와 논리를 기반으로 감정을 통제하는 이성적 판단이다.

파충류는 뇌간과 소뇌만을 가지고 있지만, 오리너구리와 같은 원시 포유류는 뇌간과 소뇌뿐만 아니라 변연계도 가지고 있다. 그리고 인간을 비롯한 대부분의 신생 포유류는 세 부분을 모두 갖고 있다. 이제 그 세 부분을 비롯하여 관련된 기관들을 좀 더 자세히 살펴보기로 하자.

1
대뇌와 변연계

생존에 필수적인 뇌간과 소뇌

뇌간은 뇌와 몸을 오가는 모든 메시지가 통과하는 통로라고 할 수 있다. 뇌간은 호흡, 심장박동, 눈 깜박임 등 가장 기초적인 몸의 기능을 조절하기 때문에 뇌간의 손상은 뇌사로 이어진다. 반면에 대뇌나 소뇌에서 일어나는 약간의 손상은 바로 죽음으로 이어지지는 않는다. 대뇌와 소뇌의 기능이 마비되었으나 뇌간의 기능은 살아있어 호흡이나 심장박동이 정상적으로 유지되어 경우를 '식물인간' 상태라고 한다.

소뇌는 뇌간의 뒤쪽에 좌우 한 쌍으로 붙어있는 있는데 주요 기능은 몸의 평형을 유지하고 공간 운동을 조절하는 것이다. 또한, 소뇌는 조건 반사와 감각 기관의 활동을 통제하고, 대뇌만큼은 아니지만 간단한 학습이나 기억을 담당한다.

희로애락의 중추인 변연계

변연계는 대뇌의 중심에 위치하며 생명활동에 필요한 본능적 행동에 관여한다. 일반적으로 동물은 본능적 행동이 잘 수행되는 경우에 쾌감을 느끼지만 그 본능적 행동에 방해를 받을 경우 불쾌감을 느낀다. 특히, 동물이 불쾌감을 느끼는 경우 본능적으로 공포와 도피 반응을 나타내는데, 변연계는 그런 정서적 반응에 관여한다.

① 편도체 : 감각기관을 통해 들어온 모양, 소리, 냄새 등 비언어적 정보를 과거 경험에 비추어 이를 해석하여 위험하거나 공포를 느끼는 상황에서 어떻게 해야 할지를 판단한다. 특히, 공포와 같이 생존을 위해 가장 필요한 정서가 편도체에서 생성된다.

② 측좌핵 : 보상, 기쁨, 중독과 관련된 쾌감 중추로 도파민의 영향을 크게 받는 부분이다.

③ 전대상회 : 감정이입 등 사회적 행동과 관련되며, 특히 자기 집중이 잘 유지되는지를 감시하는 기능을 한다.

④ 해마 : 기억을 저장하는 방식과 기억 대상을 결정하는 기능을 담당한다. 인간의 기억에는 크게 네 가지의 종류가 있다.

- 단기기억 : 조금 전에 만난 사람의 이름이나, 오늘 아침에 먹었던 음식 등에 대한 기억이다. 단기기억은 그다지 오래 지속되지 않고 몇 초 또는 몇 분 동안만 기억되며 보통은 5분 정도 지나면 잊힌다.
- 장기기억 : 단기기억과 상반되는 기억으로 어렸을 때 좋아하던 만화 주인공의 이름이나 추억 등에 대한 기억이다. 전화번호나 주소, 주민등록번호처럼 단기기억을 자주 이용하다 보면 장기기억으로 전환될 수도 있다.
- 서술기억 : 의식이 있는 상태에서 회상할 수 있는 기억으로 지식이나 알고 있는 사실들을 포함한다. 기억상실은 서술기억에서만 발생한다.
- 절차기억 : 서술기억과 상반되는 기억으로서 의식이 없는 상

태에서도 자동으로 형성되는 기억이다. 예를 들어 악기를 연주하거나 자전거를 타는 법 등에 대한 기억이다. 절차기억이 잘 망각되지 않는 것은 오랜 기간 학습의 결과로 형성되었기 때문이다.

그런데 해마가 손상된 경우, 손상되기 전의 장기기억은 그대로 유지되지만 손상된 이후에는 새로운 기억이 생성되지 않는다. 예를 들어, 영화 〈메멘토〉에는 단 10분밖에 기억하지 못하는 단기기억상실증 주인공이 등장하는데, 이 증상은 해마가 손상되었기 때문에 발생한다.

해마 손상은 스트레스, 학대, 심한 외상에 의해서도 발생한다. 스탠퍼드 대학교의 빅터 카리온Victor Carrion 교수의 연구에 따르면 '외상 후 스트레스 장애PTSD' 증상을 보이는 어린이는, 성인이나 동물의 경우와 마찬가지로 해마가 손상됐을 가능성이 높다고 한다.

스트레스의 양면성

일반적으로 스트레스는 부정적으로 많이 생각하는데, 우리의 삶에서 반드시 부정적으로만 작용하지는 않는다. 특히 스트레스는 해마 손상의 원인이 될 수도 있지만 전적으로 뇌에 대해 부정적인 결과만을 가져오는 것은 아니다. 버밍햄 대학교의 리처드 셸톤Richard Shelton 박사는, 스트레스는 '높은 수준에서' '만성적으로' 발생할 경우에만 건강에 악영향을 미치며, '낮은 수준에서' '일시적으로' 발생하는 스트레스는 오히려 건강에 도움이 될 수 있다고 주장하기도 한다. 셸톤 박사에 따르면 낮은 수준의 스트레스는 다음과 같은 장점을 지닌다.

- 뇌 기능 향상 : 스트레스는 신경세포 간의 연결을 강화하는 신경성장인자인 뉴로트로핀neurotrophin의 분비를 촉진함으로써 뇌 기능을 향상시킨다.
- 면역력 증대 : 스트레스를 감지한 뇌는 면역조절물질인 인터루킨interleukin을 분비함으로써 일시적으로 면역력을 강화시킨다.
- 스트레스에 대한 내성 강화 : 낮은 수준의 스트레스에 반복적으로 노출된 뇌는 높은 수준의 스트레스 상황에 대처할 수 있는 능력을 갖는다. 실제로 미해군특수부대Navy SEAL는 대원들을 적절한 수준의 스트레스 상황에 반복적으로 노출시킴으로써 그들이 미래에 경험할 수 있는 스트레스 상황에 잘 대처할 수 있는 강인한 정신력을 배양하고 있다.
- 성공에 대한 동기 부여 강화 : 스트레스는 동기를 유발하는 데 있어서 긍정적으로도 또는 부정적으로도 작용할 수 있다. 예를 들어, 무리하게 설정된 마감 시간은 과도한 압박감을 유발하여 생산성을 떨어뜨릴 수 있지만, 합리적으로 설정된 마감 시간은 업무에 대한 집중도를 높여 생산성을 향상시킬 수 있다. 스트레스가 성공에 대한 동기를 부여할 수 있다는 점은 몬트리올 대학교의 내분비학자인 한스 셀리에Hans Bruno Selye 박사의 연구에 의해서도 확인되었다. 특히 셀리에 박사는 삶에 긍정적으로 작용하는 스트레스 요인과 부정적으로 작용하는 요인을 구분하고 그것을 각각 '유스트레스Eustress'와 '디스트레스Distress'라고 정의했다.
- 아동발달 촉진 : 임신부는 자신의 스트레스가 태아에게 악영향을 미칠까 염려하지만 오히려 임신부가 느끼는 적당한 수준의 스트레스는 아이의 발달을 촉진하는 경향이 있다. 존스홉킨스 대학교의 자넷 디피에트로Janet DiPietro 박사팀은 건강하

고, 임신 합병증이 발병할 가능성이 낮으며, 정상적인 임신 상태를 유지하고 있는 137명의 임신부들을 대상으로 스트레스가 자녀에게 미치는 영향을 조사했다. 그 연구 결과에 따르면 임신 기간 중 적당한 정도의 걱정, 불안, 스트레스를 받은 임신부의 자녀가 스트레스를 전혀 받지 않았던 임신부의 자녀들에 비해 만 2세까지 오히려 빠른 성장률을 기록했다.

셸톤 박사를 비롯한 여러 학자들의 연구가 보여주듯이 스트레스는 긍정적인 기능과 부정적 기능을 동시에 가지고 있다.
이 사실이 아이 교육에 대해 의미하는 바는 무엇인가? 그것은 바로 극복 가능하다고 생각되는 스트레스는 인지력, 감성력, 의지력을 강화하는데 긍정적으로 작용한다는 점이다. 부모들은 항상 자녀들에게 최대한의 편의를 제공하려고 노력한다. 특히 한국의 부모들은 더욱 그렇다. 그러나 무조건적이며, 스트레스를 동반하지 않은 맹목적이고 일방적인 자녀 사랑은 교육적 차원에서 보면 오히려 아이를 망칠 수도 있다는 점을 부모들은 명심해야 한다. 사랑과 훈육, 칭찬과 유스트레스, 당근과 채찍은 아이를 교육하는 데 있어서 두 가지 모두 핵심적 요소이다. 우리 부모들은 자녀 교육에서 그 두 가지 요소를 적절히 활용하는 지혜를 발휘할 필요가 있다.

인간을 인간답게 만드는 대뇌피질

대뇌피질은 대뇌의 가장 바깥에 위치하는 부분을 말한다. 앞에서도 말했듯이 비좁은 두개골 안에 더 많은 신경세포들을 배치하기 위해서 대뇌 표면에 주름이 잡혀있는데, 그 두께는 2~5mm 정도이고 주름을 모두 펼쳐놓으면 신문지 한 장 정도의 넓이가 된다. 대뇌피질은 인간을 '이성적 인간'으로 만들어 주는 부분이다. 인류의 찬란한

✎ 대뇌피질 ✎

〈그림 4〉

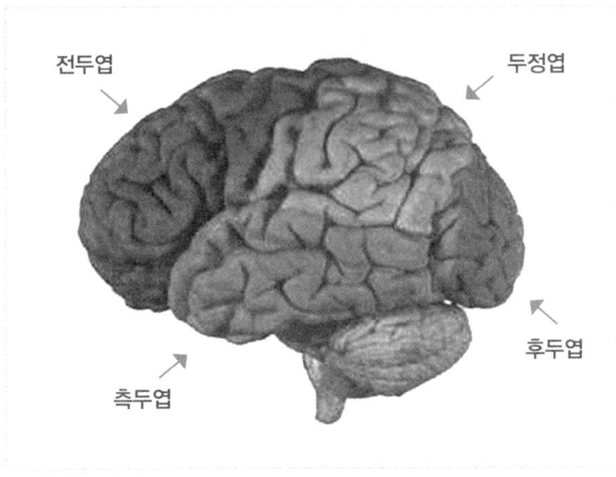

문명과 문화, 학문 그리고 예술은 모두 대뇌피질의 작품이다. 특히 인류 역사에서 예술 활동은 대뇌피질이 발달하면서 시작되었다고 한다. 대뇌피질은 기능에 따라서 크게 전두엽, 두정엽, 후두엽, 측두엽의 네 부분으로 구분된다.

① 전두엽 : 대뇌의 앞쪽에 위치하며 추리, 기억, 언어를 담당하는 사고의 중추이다. 전두엽이 손상될 경우 계획 수립과 같은 복잡한 사고나, 창조적 활동이 불가능해진다.

② 두정엽 : 머리 정수리 부분에 위치하고 있으며, 신체의 여러 부위에 운동 명령을 내리는 운동 중추가 있다. 두정엽에서 손이나 언어와 관련된 부위가 상대적으로 넓은 면적을 차지하고 있다. 그래서 인간 행위 중 손으로 하는 창조적 행위나, 언어 행위가 차지하는 비중이 크다는 점을 알 수 있다.

③ 측두엽 : 두뇌의 좌우편에 위치하며, 청각연합영역과 청각피질이 있어 주로 청각 정보를 처리한다. 우측 측두엽이 손상되면 비언어적 청각 자극에 대한 해석 능력이 감소하고, 좌측 측두엽이 손상되면 언어기억장애가 발생하여 다량의 정보를 저장하기 어렵게 된다.

④ 후두엽 : 두뇌 뒤쪽에 위치하며 시각연합영역과 일차시각피질이 있어 시각정보를 처리한다. 눈을 통해 들어온 시각정보가 시각피질에 도착하면 대상의 위치, 모양, 운동 상태가 분석된다. 후두엽이 손상되면 시각기관의 다른 부위에 이상이 없더라도 앞을 볼 수 없게 된다.

앞에서 살펴본 전두엽, 두정엽, 측두엽, 후두엽이 제대로 기능을 하는 시기는 비교적 늦게 나타난다. 구체적으로 전두엽은 여성의 경우 24세, 남성의 경우는 30세에 이르러야 비로소 완성된다고 한다. 이 점은 교육에 시사하는 바가 매우 크다. 남녀가 평균적으로 27세에 이르러야만 전두엽이 완성되기 때문에 10대의 뇌는 '미완성 뇌'이고, 그 결과 아이들은 자신의 감정을 적절히 통제하거나, 이성적 판단을 내리기가 어렵다. 다시 말하면, 10대는 원칙적으로 이성적으로 사고하고 행동하기가 매우 어렵다는 얘기이다.

이 점을 '2-6-14'법칙'과 연관 지어보면, 우리는 14세 즈음에 시냅스망이 완성되었음에도 불구하고 그로부터 거의 13년 동안 우리의 정서를 제대로 통제하지 못한 상태로 산다는 점이 드러난다. 인간의 삶에서 13년은 매우 긴 기간이다. 그러나 인간은 시냅스 솎아내기와 전두엽의 미완성이라는 이중의 위험한 요소에도 불구하고 비교적 청소년기를 안전하게 보낸다. 그 이유는 무얼까? 그것은 바로 교육 때문이다. 인간은 다른 어떤 동물보다도 많은 교육 기간을 갖는다. 한 사람이 정상적인 삶을 살기 위해서 학습해야할 것들이 많기 때문이고 교육을 통하여 인간은 비로소 '사회적 존재'가 될 수 있다.

뇌과학의 관점에서 보았을 때, 한 사람이 완벽한 인간이 되는 데는 최소한 27년이 필요하다. 여기서 우리는 인간 사회가 왜 그토록 오랜 기간 동안 후손을 교육하는 체계를 구비하고 있는지에 대해 그 이유를 알 수 있다.

뇌의 CEO인 전전두엽

전전두엽은 전두엽 중 머리의 이마 앞부분에 위치하고 있으며, '뇌의 사령탑'에 해당한다. 전전두엽은 크게 세 부분으로 구성된다.

- 배외측 전전두엽 : 판단과 기획을 담당하는 계획 센터이고 부자들에게 특히 발달되어 있어 '부자들의 뇌'라고 알려져 있다.
- 복내측 전전두엽 : 동기Motivation 센터이며, 주의 집중과 목표 지향적 행동을 담당한다.
- 완와전두엽 : 충동억제 센터이며, 상황에 맞추어 정서를 조절하고 가치판단에 관여한다.

배외측 전전두엽

배외측 전전두엽이 '부자들의 뇌'라고 알려진 이유는 세계적 부자들의 경우에 배외측 전전두엽이 다른 사람들에 비해 크게 발달했기 때문이다. 부자들의 뇌는 뭔가가 다르다는 것이다. 그렇다면 어떻게 다르다는 것인가?
'성공지능' 이론을 창시한 예일 대학교 심리학과 로버트 스턴버그

Robert J Sternberg 교수는 부자들은 공통적으로 성공지능을 공유하고 있다고 주장하는데, 그에 따르면 성공지능은 분석지능, 창의지능, 실행지능이라는 세 요소로 구성되어 있다. 삶의 여정에서 성공하려면 수많은 당면 문제들을 효율적으로 해결하여 자신의 목표에 도달해야 한다. 여기서 성공이란 어려운 과제를 수행하는 것으로부터 큰 사업체를 운영하고, 군대를 지휘하고, 한 국가를 통치하는 것에 이르기까지 다양한 영역에서의 성공을 포함한다. 이처럼 다양한 영역에도 불구하고 스턴버그 교수에 따르면 성공의 비결은 '분석-창의-실행'이라는 세 축에 있다. 인생에서 성공하려면, 먼저 상황을 정확히 분석하고 진단해야 하며, 그다음 그렇게 파악된 상황에서 창의적으로 사고하고 대안을 제시하며, 마지막으로 준비한 대안을 실행할 수 있어야 한다.

✒ 성공지능검사 ✒

Sternberg, R. J. 1997. *A Triarchic View of Giftedness: Theory and Practice*. In N. Coleangelo & G. A. Davis (Eds.), *Handbook of Gifted Education* (pp. 43–53). Boston, MA: Allyn and Bacon. 〈표 2〉

구성요소	측정 요소
분석지능	분석하기
	평가하기
	설명하기
	비교 · 대조하기
	판단하기
창의지능	창조하기
	상상하기
	가정하기
실행지능	과제 관리하기
	자기 관리하기
	다른 사람과 협동하기

위에서 제시된 성공지능 검사는 기존의 지능검사IQ가 주로 분석지능에 초점을 두는 것과는 달리 포괄적 지능을 검사한다. 이런 이유로 성공지능 검사는 점점 더 기계화되어 가고 있는 문명에서 필요한 지능검사의 한 모형을 제시한다.

천사 부위와 악마 부위

배외측 전전두엽과 복내측 전전두엽은 다른 기능을 가지고 있기 때문에 우리의 사고와 행위에 대한 통제력도 다른 방식으로 나타난다. 중요한 차이는 배외측 전전두엽은 논리적 판단에 관여하고 복내측 전전두엽은 정서적 판단에 관여한다는 데 있다.

캘리포니아 공과대학의 안토니오 랑겔Antonio Rangel 박사팀은 전두엽에서 의지력을 돕는 '천사 부위Angel Area'와 의지력을 파괴하는 '악마 부위Devil Area'가 존재한다는 점을 밝혀냈다. 여기서 천사 부위는 배외측 전전두엽이고 악마 부위는 복내측 전전두엽을 말한다.

랑겔 박사팀은 실험참여자들에게 50가지의 음식 사진을 보여준 뒤 해당 음식의 맛과 건강에 대해 점수를 매기게 했다. 또한 그들에게 맛이나 건강과는 전혀 상관이 없다고 생각되는 음식의 사진을 별도로 선택하게 한 뒤 '맛있는 음식'과 '맛과 건강, 둘 다 상관없는 음식' 중 하나를 선택해서 먹도록 했다. 실험참여자들이 음식에 점수를 매기고 선택을 하는 동안에 연구팀은 모니터를 통해 그들의 뇌의 활동을 관찰했다.

연구 결과에 따르면, 음식사진을 보고 천사 부위(배외측 전전두엽)가 강하게 자극된 사람은 건강과 맛이 모두 좋은 음식을 선택했지만 악마 부위(복내측 전전두엽)가 자극된 사람들은 대부분 맛만 좋은 음식을 선택했다.

왜 이런 결과가 나타났을까? 그 이유는 배외측 전전두엽과 복내측 전전두엽의 위치와 관련되어 있다. 즉, 복내측 전전두엽은 변연계와 가까운 곳에 위치하고 있지만 배외측 전전두엽은 변연계와 비교적 멀리 떨어져 있다. 이런 위치적 차이 때문에 배외측 전전두엽은 변연계의 영향을 덜 받아 천사적 역할을 수행하게 되고, 복내측 전전두엽은 변연계의 영향을 상대적으로 더 많이 받게 되어 악마적 역할을 하게 된다. 따라서 우리가 특정한 상황에서 어떤 판단을 내리고 결정을 하는지는 어떤 뇌의 회로가 촉발되는지에 크게 의존한다. 이와 관련하여 연구진 중 한 사람은 살찌는 음식이나 담배를 앞에 두고 '건강에 해롭다'는 사실을 떠올리면 천사 부위가 자극돼 다이어트나 금연에 성공할 수 있을 것이라고 예측했다. 즉, 의식적으로 배외측 전전두엽을 자극하여 이성적 판단을 유도해야 한다는 것이다.

하지만 우리는 여기서 변연계의 영향을 부정적으로만 볼 필요는 없다. 왜냐하면 변연계에서 촉발되는 정서들이 본성상 비논리적이긴 하지만 옳고 그름을 판단하는 데 중요한 역할을 담당하기 때문이다. 다시 말해, 복내측 전전두엽은 변연계의 영향을 강하게 받기 때문에 정서에 기반을 둔 판단에 관여한다. 그렇기 때문에 복내측 전전두엽에 손상을 입은 사람은 도덕적 문제에 대해 매우 냉혹하게 판단하는 경향이 있다. 여기서 우리는 이성적 판단이 반드시 도덕적이지 않은 이유뿐만 아니라 지능이 높은 사람이 종종 인간관계에서 성공적이지 못하는 이유도 알 수 있다.

피니어스 게이지의 사례

피니어스 게이지Phineas Gage, 1823~1860는 미국의 서부개척시대에 있던 버몬트 주의 한 철도회사 작업반장이었다. 게이지는 성실하면서 사교적 성격을 지녔기 때문에 주위로부터 평판이 좋았다.

그런데 1848년 9월 13일, 철도공사 중에 폭발물 사고가 일어났고, 굵기 3cm, 길이 1m의 쇠막대가 게이지의 왼쪽 뺨으로 들어가 머리를 관통하여 오른쪽으로 나왔다. 사고 직후 장시간의 수술 끝에 게이지는 왼쪽 시력을 잃은 것 외에는 거의 완벽하게 건강을 회복한 것으로 보였다. 하지만 게이지는 더 이상 예전의 게이지가 아니었다. 성실하고 유쾌하며 사교적이었던 게이지는 변덕이 심하고 상스러운 말을 내뱉으며, 무례하기 짝이 없는 청년으로 변했다. 왜 그렇게 변했을까? 당시 의사들은 정확히 그 이유를 알지 못했지만 사고로 인하여 게이지의 뇌의 어떤 부분이 손상되었을 것이라는 추측만 했다. 게이지가 사고로 잃은 뇌의 부분은 정서적 판단을 담당하는 복내측 전전두엽이었다. 이처럼 게이지의 사례는 뇌과학이 지금처럼 발전하지 않았던 19세기 후반에 복내측 전전두엽이 속한 전두엽의 손상이 인격의 변화를 초래할 수 있고 사회적 행위와 인간관계에도 영향을 미칠 수 있다는 점을 결정적으로 보여주었다.

도덕적 판단: 트롤리 딜레마

하버드 대학교의 정치철학자 마이클 샌델Michael J. Sandel 교수는 사회적 연대와 시민적 덕목을 강조하는 공동체주의에 기반을 둔 정의론을 주장한다. 샌델 교수의 저서『정의란 무엇인가』에는 우리의 주제와 관련된 흥미로운 윤리적 딜레마가 등장한다. 그것은 바로 트롤리 딜레마Trolley dilemma라고 부르는 딜레마인데 다음과 같은 두 가지 버전이 있다.

- 첫 번째 버전

  당신은 기관사이다. 당신이 운전하는 기차의 브레이크가 고장이 났는데 선로 앞쪽에는 다섯의 인부가 작업을 하고 있다. 오른쪽에 비상 선로가 있고 그곳엔 한 명의 인부만이 작업을 하고 있다. 기차가 그대로 달리면 다섯 명의 인부가 희생될 것이고, 선로를 변경하면 한 명의 인부만이 희생될 것이다. 만약 당신이 이 기차의 기관사라면 선로를 변경할 것인가, 아니면 그대로 둘 것인가? 이 질문에 대해 나이와 국적을 불문하고 대다수의 사람들은 선로를 변경하는 것을 선택했다.

- 두 번째 버전

  여기서도 상황은 첫 번째 버전과 동일하다. 그러나 이번에 당신은 기관사가 아니라 구경꾼이다. 당신은 고속으로 다가오는 기차를 다리 위에서 내려다보고 있고 당신 옆에는 엄청나게 뚱뚱한 어떤 사람이 서 있다. 만약 당신이 그 사람을 다리 밑으로 밀쳐서 선로로 추락시킨다면, 기차를 멈추어 다섯 명의 목숨을 구할 수 있다. 만약 당신이 그 구경꾼이라면 당신 옆에 서 있는 뚱뚱한 사람을 밀쳐서 다섯 사람을 구할 것인가, 아니면 그냥 보고만 있을 것인가? 이 질문에 대해 많은 사람들은 그냥 보고만 있겠다고 대답했다.

왜 이런 차이가 나타났을까? 이 질문에 대해 우리는 다음과 같이 뇌과학적 대답을 제시할 수 있다. 즉, 첫 번째 버전의 딜레마에서는 논리적 판단을 주관하는 배외측 전전두엽이 활성화되었고 두 번째 버전의 딜레마에서는 정서적 판단을 주관하는 복내측 전전두엽이 활성화되었기 때문에 그런 차이가 발생했다. 이 실험은 사람들의 판단에 대해 뇌과학적 차원의 원인을 제시한다는 점에서 의의가 있다. 하지만 그런 결정을 내린 데에 대한 이유는 들을 수 없었다.

우리의 행위를 설명하는 두 가지 방식이 있다. 그 하나는 인과에 의존하는 과학적 설명이고 다른 하나는 행위의 동기, 이유, 목적에 의존하는 지향적 설명이다. 뇌과학은 트롤리 선택 상황에서 배외측 전전두엽과 복내측 전전두엽을 행위의 원인으로 지목함으로써 인과적 설명을 제공한다.

트롤리 선택 상황에서 어떤 선택을 할 것인가? 선로를 변경하는 것과 변경하지 않은 것 중 어느 행위가 더 윤리적으로 옳은 행위인가? 그냥 보고 있는 것과 옆에 서 있는 뚱뚱한 사람을 밀치는 것 중 어느 것이 더 윤리적으로 옳은 행위인가? 전통적으로 이런 질문들은 인과적으로만 대답할 수 없고 철학적으로, 특히 윤리학적으로 다루어야 한다고 생각해 왔다. 그러나 뇌의 신경계 작동을 어느 정도 이해하고 있는 지금의 뇌과학 시대에서는 윤리적 판단의 기준이 전적으로 철학의 영역에서만 다루어지지는 않고 있다. 뇌과학이 발전함에 따라서 전통적으로 윤리학에서 다루어져 왔던 문제들을 뇌과학의 틀 안에서 다루는 신경윤리학neuroethics이 20세기 말부터 부상하고 있다. 마치 우리의 아이를 교육하는 데 있어 뇌과학의 성과를 반영한 뇌교육이 등장했듯이 윤리적 문제를 검토하는 있어서도 뇌과학의 성과를 반영하는 신경윤리학이 등장한 것이다. 신경윤리학은 전두엽과 변연계의 상호 관계에서 나타나는 판단 경로를 파악하여 사람들이 윤리적 문제에 대처하는 방식을 설명하고자 한다.

우리는 살아가면서 수많은 선택을 하고 결정을 내려야 한다. 그중에는 트롤리 딜레마와 같은 윤리적 선택 상황에 처할 수도 있다. 당신의 자녀들이 이런 상황에서 어떤 판단을 내릴 것이라고 생각하는가? 인간의 뇌는 이러한 상황을 가정하고 선택지를 생각하는 훈련을 하게 되면, 마치 운동 선수가 훈련을 통해 근육을 강화하듯이 '사고의 근육'을 강화시킬 수 있다. 그 결과 스턴버그 교수가 주장한 성공지능이 계발되고, 특히 분석지능과 창의지능이 증가하여 윤리적 문제를 해결할 수 있는 능력이 향상될 수 있다.

뇌를 활성화하는 신경전달물질

신경전달물질은 시냅스에서 신경정보를 전달하는 화학물질이다. 하나의 신경세포에 전기화학적 신호가 전달되면 이는 세포체 내부의 화학적 반응을 유도하고 그 결과 축삭 말단에서 신경전달물질이 시냅스로 방출된다. 이렇게 방출된 신경전달물질은 또 다른 신경세포를 흥분시키거나 억제시킨다. 뇌교육의 관점에서 보았을 때 신경전달물질이 활성화될 수 있도록 자극을 주는 일은 매우 중요하다. 뇌에서 어떠한 신경전달물질이 분비되고 어떤 작용을 하는지를 이해하는 것은 신경전달물질의 활성화 방법을 아는 데 도움이 될 것이다. 다음은 대표적인 신경전달물질들이다.

① 노르에피네프린

노르에피네프린은 긴장하거나, 스트레스를 받으면 분비되는 신경전달물질이다. 일반적으로 스트레스가 발생하는 초기에는 노르에피네프린 때문에 집중력이 커진다. 특히, 긴급한 상황에서 자신이 가진 능력 이상을 발휘할 수 있는 것은 노르에피네프린 때문이다. 우리는 앞에서 유스트레스가 긍정적 기능을 가지고 있다는 점을 보았다. 이 점을 감안하면 아이들에게 적절한 상황에서 교육적 목적으로, 극복 가능한 과제를 부여하여 유스트레스를 유발하도록 하는 것은 노르에피네프린의 분비를 촉진하고 그 결과 집중력을 계발하고 성취도를 높일 수 있는 좋은 수단이 될 수 있다.

② 세로토닌

세로토닌은 수면, 기억, 식욕 조절 등에 관여하며 생기와 활력을 제공하여 행복을 느끼게 하는 신경전달물질이다. 그런데 세로토닌이 유발하는 정서는 폭발적 기쁨보다는 여유로운 행복에 가깝다. 세로토닌은 노르에피네프린, 엔도르핀, 도파민의 과잉 분비를 조절함으로써 정서를 조정하는 역할도 한다. 세로토닌이 부족한 경우에는 우울증에 걸리기 쉽고 공격적이 되거나 흥분하기 쉽다.

세로토닌은 다른 신경전달물질들과 달리 분비를 촉진할 수 있는 방법들이 잘 알려져 있다, 다음은 그 중에서 일상적으로 쉽게 시도할 수 있는 방법들이다.

- 햇볕 쬐기 : 세로토닌은 햇볕이 있어야만 분비가 활성화된다.
- 리듬 운동하기 : 근육의 수축과 이완을 주기적으로 반복하는 운동은 뇌간에 작용하여 세로토닌의 분비를 촉진시킨다. 걷기, 조깅, 수영, 밥 천천히 씹어 먹기, 복식호흡 등을 하면 좋다.
- 명상하기 : 명상은 심호흡과 함께 세로토닌의 분비를 촉진한다. 아침과 저녁으로 10~20분 정도 조용하고 편안한 상태에서 명상하는 것이 좋다.

③ 엔도르핀

엔도르핀은 쾌감을 유발하는 대표적인 신경전달물질이다. 엔도르핀은 단순히 기분만 좋게 해주는 것이 아니라 면역력도 높여준다. 특히 엔도르핀은 고차원적 욕구가 충족될 때 많이 분비되어 최고의 쾌감을 유발한다. 사랑, 관심, 동심과 같은 정서는 엔도르핀 분비를 촉진하며, 남을 돕거나 칭찬을 받을 때 기분이 좋아지는 것은 엔도르핀 때문이다.

아이에게 충분한 사랑과 관심을 주는 것은 아이의 엔도르핀 분비를 촉진하는 좋은 방법이다. 그러기 위해서는 아이와 함께 지내면서 그들의 이야기를 들어주고 신뢰를 쌓는 것이 무엇보다도 중요하다. 아이는 신뢰를 통해서 성장하기 때문이다.

④ 도파민

도파민은 의욕 및 동기 부여, 처벌과 보상에 관여하는 신경전달물질이다. 도파민이 많이 분비될수록 쾌감이 증가하고 두뇌 활동이 증가한다. 각성제는 도파민의 분비를 증가시키거나 또는 도파민의 재흡수를 방지하여 도파민의 총량을 증가시키는 작용을 한다.

도파민이 부족하면 집중력과 주의력이 떨어지고 우울증이나 파킨슨병에 걸리기도 쉽다. 동기부여는 사회적 성공을 유도하기 위한 중요한 요소이다. 이런 점에서 도파민의 분비를 촉진하여 동기를 부여하는 것은 성공의 열쇠를 갖는 것처럼 보인다. 그러나 그 성공의 열쇠는 쉽게 구할 수 있지만 그만큼 위험하기도 하다. 왜냐하면 도파민은 공부나 운동을 할 때보다 도박과 같은 자극적 활동을 할 때 더 많이 분비되기 때문이다. 더 자극적인 활동을 하면 할수록 도파민은 더 많이 분비되고, 그 결과 도파민 수용체의 수치가 낮아지기 때문에 점점 더 자극적인 행동을 하게 되는 중독 상태에 이르게 되는 것이다.

도파민이 아이 교육과 관련되는 특별한 이유가 있는데 그것은 바로 도파민을 분비하는 측좌핵이 청소년기에 매우 빠른 속도로 발달하여 도파민 분비가 청소년기에 최고조에 이른다는 점이다. 이에 반해 위험을 알리는 편도체는 비교적 느리게 발달하고, 행동을 통제하는 전전두엽은 가장 늦게 완성된다. 여기에 한편으로는 쾌락 추구, 다른 한편으로는 위험 감지 및 이성적 통제라는 뿌리 깊은 대립이 나타난다. 적절한 동기부여와 성취감이 사회적 성공에서 중요한 요소이긴 하지만 그것을 촉진하기 위해 약물에 의존하는 것은 매우 위험하다. 그렇기 때문에 적절한 방식으로 도파민 분비를 촉진하는 방법이 필요하다.

맥길 대학교의 신경심리학자 로버트 자토르Robert Zatorre 교수팀은 음악이 음식, 마약, 섹스와 같이 뇌의 도파민 분비를 촉진한다는 점을 알아냈다. 자토르 교수팀은 실험참여자들이 좋아하는 다양한 장르의 음악을 가지고 실험을 진행했으며, 그 결과 정서적으로 최고조에 도달할 때와 최고조를 기대할 때에 각각 뇌의 다른 부분에서 도파민이 분비된다는 것을 확인했다. 최고조를 기대하는 동안에는 미상핵에서 도파민의 분비가 관찰됐으며, 최고조에 이르렀을 땐 측좌핵에서 도파민이 분비됐다. 미상핵은 사랑과 믿음의 감정에 관여하고, 측좌핵은 동기와 보상에 관여한다. 미상핵이 발달한 사람은 집중력 전환이 잘 되기 때문에 새로운 주제에 빠르게 적응하는 반면, 측좌핵이 발달한 사람은 목표 성취에 대한 동기가 커서 더 빨리, 더 많이 배우는 경향이 있다.

전두엽 훈련법으로서의 명상

명상은 일반적으로 불교적 수행법으로 알려져 있지만, 실제로 명상은 수 천 년에 걸쳐서 다양한 형태로, 다양한 문화권에서 시행되어 왔다. 명상은 여러 가지 기능과 효과를 가지고 있는데, 특히 스트레스를 줄여주고, 면역력을 증가시켜 주며, 행복감을 증진시켜주는 것으로 알려져 있다.
최근 들어 명상은 뇌과학의 중요한 연구 대상이 되고 있다. 그 주된 이유는 명상하는 사람이 그렇지 않은 사람보다 더 건강하고 행복하다는 일반적인 생각 때문인데, 그것을 뇌과학을 통해 입증하기 위한 연구들이 진행되어 왔다. 다음은 명상에 대한 뇌과학적 연구들이 제시하는 대표적 결과이다.

① 명상을 하면 뇌의 회백질이 증가한다.
뇌는 회백질과 백질로 구성되어 있는데 회백질은 신경세포가 정보를 처리하는 곳이고 백질은 정보가 이동하는 통로이다. 회백질이 증가한다는 것은 정보처리 능력이 강화된다는 것을 의미한다. 그러므로 지속적인 명상은 뇌의 인지 능력을 증강시켜 준다고 할 수 있다.

② 명상을 하면 대뇌피질이 두꺼워진다.
나이가 들수록 대뇌피질의 두께는 감소한다. 그런데 장기간 지속적으로 명상을 하면 나이가 들어도 대뇌피질의 두께가 감소하는 것이 아니라 오히려 두꺼워진다는 점이 실험을 통해 드러나고 있다. 특히, 명상을 하면 이성적 판단을 주관하는 배외측 전전두엽이 두꺼워진다. 이런 점에서 명상은 노화를 억제할 뿐만 아니라 이성적 판단 능력을 증가시키는 기능도 한다.

③ 명상을 하면 뇌파가 안정적으로 변한다.
우리의 뇌파는 일상적인 활동을 할 때 베타파(15~18Hz) 형태에 있지만 긴장하거나 불안감을 느끼면 더 많이 진동하여 빠른 파로 바뀐다. 그런데 명상을 장기간 하게 되면 뇌파는 느린 알파파(12~15Hz)나 세타파(4~7Hz)로 바뀌어 몸은 편안한 이완 상태로 들어가고, 그 결과 창의력이나 통찰력이 좋아지고 기억력도 증가하게 된다.

뇌과학을 뇌교육으로 전환하는 질문들

1
마음은 몸인가?

뇌과학 시대에 있어 교육과 관련하여 부모나 교사가 아이들과 함께 생각해야 할 주제들이 있다. 이 주제들은 존재에 대해 생각한다는 점에서 철학적인데, 우리나라의 가정이나 교육 현장에서는 대체로 잘 다루어지지 않고 있지만 아이의 창의력을 높이고 뇌를 자극한다는 점에서 충분히 시도해 볼 만한 가치가 있다.

아이 교육을 논의하는 자리에서 갑자기 웬 철학 이야기냐고 의아해할 독자도 있겠지만 참다운 인간을 양성하기 위해서는 우선 아이들이 자기 자신에 대한 이해가 선행해야 한다는 점을 고려한다면 그런 의구심은 사라질 것이다. 인간이 어떤 존재인지, 나는 누구인지를 진지하게 생각해보지 않은 아이는 자아관을 정립하기 어렵다. 자아에 대한 진정한 이해가 결여되어 있기 때문에 자신과 세계를 보는 아이의 관점은, 마치 수시로 색깔이 바뀌는 안경을 쓴 광대처럼 중심을 잃고 자주 변하기 마련이고 그 결과 안정된 삶을 살아 나가기도 어렵게 된다.

우리는 모두 자신이 '몸'이라는 신체身體를 가지고 있다는 점을 알고 있다. 또한 몸뿐만 아니라 마음이 존재한다는 점도 잘 알고 있다. 그렇다면 마음은 무엇이고, 마음은 어디에 있는 것일까? 몸과 마음과의 관계는 어떠한 것일까? 이런 문제들은 수천 년 동안 인류가 도전해 왔지만 여전히 해결되지 않는 채로 남아있는 근본적인 문제들이며, 철학 이론뿐만 아니라 수많은 문학 작품들과 예술 작품의 핵심 주제이기도 하다.

몸과 마음의 관계에 대한 가장 직관적인 대답은 '심신이원론'이다. 심신이원론에 따르면 세계는 '정신'과 '물질'이라는 실체로 구성되어 있다. 여기서 '실체'라는 말은 '다른 것에 의존하지 않고 스스로 존재하는 것'을 의미한다. 인간은 물질적인 몸과 비물질적인 정신(또는 마음)으로 구성되어 있다. 마음과 몸을 실체라고 정의하는 말은 마음은 몸에 의존하지 않고 존재하고, 몸 역시 마음에 의존하지 않고서 존재한다는 점을 의미한다. 즉, 몸이 존재하지 않더라도 마음이 존재할 수 있고, 마음이 존재하지 않더라도 몸은 존재할 수 있다는 것이다.

실체는 여러 가지 성질들을 가질 수 있다. 예들 들어, '구리'라는 실체는 '전기를 잘 통한다', '잘 휘어진다'와 같은 성질들을 갖는다. 그렇다면 마음이라는 실체는 어떤 성질들을 가지고 있을까? 전통적으로 마음은 '생각한다', '느낀다', '추리한다, '판단한다', '의지한다'와 같은 성질들을 가지고 있다고 할 수 있는데, 우리는 이런 성질들을 한 마디로 '사유한다'라고 표현할 수 있다.

이번엔 몸의 속성도 살펴보자. 몸의 속성을 한마디로 표현한다면 무엇이 될까?
몸을 비롯한 물리적 대상들은 여러 가지 성질을 가지고 있기 때문에 모든 물리적 대상들이 공유하는 하나의 속성을 선택해야 할 것이다. 그러한 성질 중 하나는 '공간에서 부피를 차지한다'는 것이다.

마음과 몸에 대해 이를 다시 정리해 보면 마음의 속성은 '사유 즉, 생각하는 것'이고 몸의 속성은 '공간에서 부피를 차지하는 것'이다. 이것이 바로 철학자 데카르트René Descartes, 1596~1650가 제안한 심신이원론이다.

그렇다면 이제, 마음은 몸과 어떤 관계에 있는지를 생각해 보자. 데카르트에 따르면 마음은 몸과 인과적 관계에 놓여 있다고 한다. 몸은 마음에 인과적 영향을 미치고, 마음 역시 몸에 인과적 영향을 미친다는 것이다. 이런 설명은 직관적으로 보면 올바른 것처럼 보인다. 우리는 경험을 통해 몸은 마음에 다양한 경험을 야기하며 마음도 몸에 영향을 미친다는 점을 잘 알고 있다. 예를 들어 '몸에 물이 필요하다'는 몸 상태는 '물을 마시고 싶다'는 마음 상태를 야기하며, 그것은 다시 물병을 집으려는 몸의 상태를 야기한다. 데카르트는 몸과 마음이 인과적으로 상호 작용하는 장소로서 뇌 안에 있는 '송과선'을 지목했다. 송과선은 시상하부에 위치하는데 그것의 크기와 모양이 마치 소나무의 열매를 닮았다고 하여 그런 이름이 붙게 되었다.

심신이원론과 다르게 몸과 마음의 관계에 대한 과학적 이론이 있는데 그 이론은 '심신동일론'이라 부른다. 그 이론에 따르면 실체로서의 마음은 존재하지 않으며 마음 상태란 곧 두뇌의 상태를 의미한다. 심신동일론은 유물론이라고 불리는 세계관에 기반을 두고 있다. 유물론에 따르면 세계는 근본적으로 물리적이다. 즉 세계는 물리학 법칙들의 지배를 받는 물질들로 이루어져 있다. 유물론이 옳다면 마음이 존재한다는 우리의 믿음은 과학적으로 근거가 없는 생각이며, 마음은 몸 또는 뇌라는 물리적 기반에 근거하여 나타나는 현상에 불과하다.

심신동일론의 지지자들은 '마음 상태 = 두뇌 상태'라는 점을 주장하기 위해 과학사에서 발견되는 사례들을 동원한다. 예를 들어, 18세기 과학자들은 물체의 따뜻함과 차가움이라는 성질을 '열'이라는 개념을 이용하여 설명했다. 그러나 그 이후에 등장한 운동학 이론에 따르면 열은 '분자들의 평균에너지'이다. 따라서 "그릇에 들어있는 물이 뜨겁다"는 말은 정확히 말하면 "그릇에 들어있는 물의 분자들의 평균 에너지가 높다"는 말로 바뀌어야 한다. 과학사에는 이와 비슷한 사례들이 많이 발견된다. '물 = H_2O', '빛 = 전자기파'이고, '번개 = 대규모 방전'이다. 이런 사례들을 통하여 심신동일론자들은 '물', '열', '빛', '번개'와 같은 개념을 'H_2O', '분자들의 평균에너지', '전자기파', '대규모 방전'과 같은 개념으로 대체하거나 환원해야 한다고 주장한다.

마음 상태가 뇌의 상태와 동일하다면 그 두 가지를 실체로 인정하는 심신이원론은 잘못된 이론이고 따라서 제거되어야 한다. 현재 심신이원론을 제거하고 마음과 두뇌에 대한 올바른 설명을 제시할 후보로서는 뇌과학 또는 신경과학이 꼽히고 있다. 그러나 20세기 초반에 등장한 뇌과학은 그동안 많은 발전을 해왔음에도 불구하고 여전히 '마음'의 여러 가지 기능을 제대로 설명하지 못하고 있다. 뇌과학자들은 기능성자기공명장치fMRI와 양전자방출단층촬영장치PET와 같은 뇌영상 촬영장치를 이용하여 우리가 특정한 마음 상태에 있는 경우 뇌의 어떤 부분이 활성화되는지를 밝혀내고 있지만 여전히 왜 우리가 그런 방식으로 경험하는지는 명확히 설명하지 못하고 있다. 아침에 출근할 때 맡은 커피 향을 생각해 보자. 그 커피 향을 맡으면서 내가 느낀 점은 다른 사람이 느낀 점과 다를 수 있다. 즉 우리의 경험의 내용은 다를 수 있다는 것이다. 나는 그 커피 향으로 인해 같이 마셨던 친구의 얼굴을 떠올렸지만, 다른 사람은 헤어진 연인의 얼굴을 생각했을 수 있다. 일부 철학자들은 뇌과학이 아무리 발전하더라도 우리가 느끼고 경험하는 감각의 주관적 성질을 설명하기는 어려울 것이라고 주장한다. 뇌과학이 마음의 여러 기능을 잘 설명할 수 있겠지만 그럼에도 방금 보았듯이 감각의 주관적 성질처럼 원칙적으로 설명할 수 없는 문제들이 있다는 것이다.

뇌과학이 설명할 수 없는 문제들이 왜 있는지는 앞으로 뇌과학이 발전하면서 계속 논의될 것이며, 만약 뇌과학이 설명할 수 없는 마음의 영역이 있다고 하더라도 매우 좁다는 것이 드러난다면, 뇌교육은 현재보다 훨씬 더 강력한 교육 방법론을 제공하게 될 것이다. 과학이 발전해 온 역사를 살펴보면, 어느 시점에서 과학이 설명할 수 없었던 것으로 보였던 상당수의 문제들이 시간이 흐름에 따라 해명된 것을 알 수 있다. 구체적으로 어떤 문제들이 과학적으로 설명 가능하고 어떤 것들이 설명 불가능한지는 시간이 지나면 차츰 드러나겠지만, 분명한 것은 과학적으로 설명 할 수 없는 영역이 차츰 감소할 것이라는 점이다. 이런 관점에서 보면 아이 교육과 관련된 문제들의 상당수도 과학적으로 설명이 될 것이며, 특히 뇌과학이 그런 역할을 담당할 것으로 기대된다.

2

마음은 몸 안에만 있는가?

전통적으로 마음은 몸과의 관계에서만 논의되었다. 예를 들어, 심신이원론은 몸과 마음을 다르게 존재하는 것으로 주장하는 반면, 심신동일론은 마음이란 존재하지 않으며, 몸의 특정한 부분, 즉 대뇌의 작용에 의한 것이라고 본다. 어쨌든 그 두 가지 이론에서 마음은 몸 또는 대뇌와 관련하여 논의되고 있다. 그러나 우리의 경험을 통해 알 수 있듯이 마음은 오직 뇌에만 의존하는 것이 아니라 몸 전체에 의존할 뿐만 아니라 경우에 따라서는 환경에 의존하기도 한다. 이처럼 마음의 작용이 두뇌뿐만 아니라 몸과 환경과 관련되어 있다고 주장하는 이론을 '체화주의'라고 한다.

학습 내용은 뇌에만 저장되는 것이 아니라 몸에 저장된다. 예를 들어, 자전거 타는 법은 한번 배우면 여간 해서는 잊히지 않는데, 그 이유는 몸에 체화되어 있기 때문이다. 이 점을 잘 나타내는 것으로 '훈습薰習'이라는 말이 있다. 훈습은 마치 향이 옷에 배어드는 것처럼, 말이나 행동을 통해 일어난 생각은 그대로 사라지는 것이 아니라, 어떤 흔적을 심체心體에 남긴다는 것을 의미한다. 이런 관점에서 보았을 때 참다운 교육은 단순히 암기와 같이 '머리'로만 하는 것이 아니라 몸과 환경을 포함하는 훈습을 통해 이루어져 한다.

체화주의는 마음의 작동에 있어서 몸과 환경의 역할을 강조한다.

체화주의에 따르면 마음은 몸에 체화되었거나 환경으로 확장될 수 있다. 여기서 마음이 체화되었다는 말은 존재론적 의미와 인식론적 의미를 동시에 갖는다. 존재론적으로 체화된 마음은 마음이 생물학적 기반인 뇌를 포함한 몸을 통해 구현되어 있다는 것을 뜻한다. 다른 한편으로 그것은 인식론적으로 마음을 제대로 알기 위해서는 몸을 고려해야 한다는 것을 의미한다. 마음이 작용하는 데 있어서 몸과 환경이 무시할 수 없는 역할을 한다면 이는 교육적으로 중요한 함축을 낳는다. 뇌교육은 단지 뇌만을 고려하는 것이 아니라 전체로서의 인간과 그 인간이 생활하고 있는 환경을 동시에 고려해야 한다는 것이다. 물론 이런 이야기는 새삼스러울 것도 없다. 맹자의 어머니의 사례에서 볼 수 있듯이 아이의 교육에서 환경이 중요한 역할을 차지한다는 점을 모르는 사람은 거의 없기 때문이다.

마음이 몸과 환경에 체화되어 있다면 마음은 몸 밖으로 확장될 수 있다. 왜냐하면 몸에 체화된 마음은 다시 몸을 매개로 세계로 확장될 수 있기 때문이다. 마음의 확장에 대한 예를 살펴보자.

잉가Inga와 오토Otto는 둘 다 뉴욕시에 살고 있다. 그들은 어느 날 현대미술관에서 평소에 보고 싶었던 전시회가 열리고 있다는 점을 알게 되었다. 잉가는 미술관이 맨해튼 53번가에 위치하고 있다는 점을 기억해내고 그곳을 향해 출발했다. 한편 가벼운 알츠하이머병을 앓고 있는 오토는 기억력에 문제가 있어 항상 메모장을 가지고 다니면서 기억해야 할 것들을 적고 필요할 경우에 메모를 참조한다. 오토는 미술관에서 전시회가 열리고 있다는 소문을 듣고 메모장을 확인하여 미술관의 위치를 확인하고 그곳을 향해 출발했다.

우리는 여기서 오토의 '메모장'은 잉가의 '기억'에 해당한다고 볼 수 있다. 잉가의 기억을 저장하는 뇌 부분(해마와 대뇌피질)을 잉가의 인지 요소로 보아야 한다면, 오토의 메모장 역시 그녀의 인지 요소로 보아야 한다. 잉가의 경우 그녀의 뇌에서 기억이 처리되었고, 오토의 경우에는 메모장을 통해 처리되었다는 차이가 있지만 두 사람의 인지가 처리되는 과정에는 본질적인 차이가 없다. 이러한 의미에서 오토의 마음은 몸 외부에 있는 메모장으로 확장되어 있다고 볼 수 있다.

우리는 제4차 산업혁명이 가져온 후기 산업사회를 살고 있다. 우리 한국인은 이세돌 9단과 알파고의 세기적인 바둑 대결을 통해 인공지능의 위력을 실감한 바 있다. 오토의 메모장은 최첨단의 노트북으로 대체될 수 있고 가까운 미래에 그것은, 알파고와 같은 인공지능으로 대체될 수 있다. 그리고 만약 그런 인공지능을 우리 몸 안에 이식할 수 있다면 인간의 지능은 엄청나게 확장될 것이다.

3
의지는 자유로운가?

우리는 자신의 행동을 자유롭게 스스로 결정할 수 있다고 생각한다. 나의 손목을 구부릴 때 그것을 구부리는 주체는 분명히 나일 것이다. 나는 자유로운 의지에 따라 손목을 구부린 것이다. 이는 곧 나는 자유의지를 가지고 있다는 점을 의미한다. 그러나 우리가 정말 자유의지에 따라 행동하는지를 뇌과학적으로 검토해보면 우리의 직관과는 달리 그렇게 확실치 않아 보인다.

인간과 동물을 대상으로 한 여러 실험들을 통해 자발적 행동에 대해 많은 사실들이 밝혀지고 있다. 손목을 구부리는 것과 같은 자발적 행동이 발생할 때 많은 뇌 영역들이 관련된다. 우선 전두엽에서 전 운동 영역으로 신호를 보내고, 그다음 전 운동 영역이 행동을 프로그램하여 1차 운동 영역으로 신호를 보낸다. 마지막으로 1차 운동 영역은 해당 신체 부분으로 근육을 움직이라는 지시를 보낸다.
이처럼 뇌과학은 행동이 계획되고 실행될 때, 어떤 뇌 영역들이 활성화되는지를 보여준다. 그러나 우리는 자신의 행동이 신경세포들의 활성화처럼 자동으로 결정되는 것이 아니라, 자신이 원하는 방식으로 결정하는 무언가가 있다고 생각한다. 그리고 우리는 그것을 '자아' 또는 '의식'이라고 생각한다.
'인간이 자유의지를 가지고 있는가'라는 문제는 우리가 우리 삶을 살아가는 데 있어서 매우 중요한 역할을 한다. 자유는 책임을 함축

한다. 우리는 자신의 행위를 자유로운 의사에 따라 결정한다는 가정에 따라 행위에 대한 책임을 져야 한다고 생각한다. 그러므로 자유의지가 없다면, 즉 우리가 자유롭게 자신의 행위를 결정할 수 없다면, 우리는 자신의 행위에 대해 책임을 질 필요도 없다.

자유의지를 부정하는 강력한 근거는 '결정론'이다. 결정론에 따르면 세상사는 모두 결정되어 있다. 세계에서 발생하는 모든 사건들은 그것에 앞에 있는 사건에 의해 결정되어 있다는 것이다. 이처럼 모든 사건이 이미 결정되어 있다면, 앞으로 발생할 것으로 결정된 사건을 피할 수 없기 때문에 자유의지는 성립하지 않는다. 이런 의미에서 자유의지와 결정론은 양립 불가능하다. 자유의지가 존재한다면 결정론은 성립할 수 없고, 결정론이 옳다면 자유의지는 존재하지 않는 것이다.

자유의지에 관한 논의에서 '의식'은 어떤 역할을 차지하는가? 자유의지에 따른 행위는 당연히 의식된 것이므로 자유의지의 본성을 검토하려면 의식을 고려하지 않을 수 없다. 그런데 만약 의식이 자유의지를 가능케 한다면 어떻게 인과적으로 닫힌 세계에서, 즉 물리적 인과만이 인정되는 세계에서 그런 힘이 작용할 수 있는가?

캘리포니아 대학교의 신경생리학자 벤저민 리벳Benjamin Libet 교수는 자유의지와 관련된 매우 중요한 실험을 했다. 그 실험의 목적은 언제 사람들이 자발적으로 그리고 의도적으로 행동하는지를 밝혀내는 것이었다. 그것은 구체적으로 '손목을 구부리는 행위는 의식적인 결정의 결과인가' 아니면 '무의식적인 뇌 과정의 결과인가'를 밝히는 것이었다. 리벳은 실험참가자들에게 적어도 40회 이상 자유롭게 손목 구부리기를 실시하라고 요구하고 그다음 그들이 의식적으로 행동하려고 결정한 시간, 운동 피질에서 뇌 활동이 시작된 시간, 행동이 발생한 시간을 확인했다.

앞에서 말한 세 가지 시간 중, 나중 두 가지 시간은 확인하기가 비교적 쉬웠다. 손목 구부리기 행동은 손목에 근전도EMG 장치를 설치하여 탐지했고, 뇌 활동의 시작은 활성전위RP를 탐지하는 뇌전도EEG 장치를 두피에 부착하여 측정했다. 어려웠던 것은 실험참여자들이 '행동하려고 결정한 순간W'을 측정하는 것이었다. 그들에게 결정하는 순간에 소리를 지르거나, 버튼을 누르라고 요청할 경우 그 새로운 행동과 손목 구부리기 사이에 시간 차이가 발생할 것이 분명했다. 아울러 그 새로운 행동은 손목 구부리기 행동에 영향을 줄 수도 있었다. 그래서 리벳은 W를 측정하기 위한 새로운 측정 장치를 고

✐ 리벳실험 ✐

출처 : S. Blackmore, *Consciousness*, 2004 〈그림 5〉

안했다. 리벳은 실험참가자들 앞에 손목시계처럼 눈금이 있고 점이 움직이면서 시간을 가리키는 시계를 걸어놓고 그들이 행동을 결정한 순간에 그 점이 어디에 위치하는지를 물었다.

이 실험에서 그 세 가지 시간들의 순서는 다음과 같이 예상되었다. 즉, 손목을 움직이려고 결정하고^{W}, 그다음 관련된 뇌 부분이 활성화되고^{RP}, 마지막으로 손목의 움직임^{EMG} 순이다. 다시 말해서 〈W-RP-EMG〉을 예상했다. 그러나 실험 결과는 우리의 예상과는 달리 〈RP-W-EMG〉의 순으로 발생했다. 구체적으로 뇌 활성화^{RP}가 손목 움직임 결정^{W}보다 0.2초 앞에 발생했고 손목 움직임 결정^{W}은 손목의 움직임^{EMG}보다 0.35초 앞섰다. 즉, 손목의 움직임을 계획하는 뇌 과정^{RP}이 손목을 움직이려는 의식적 의지^{W}보다 0.2초 앞서 발생했다는 말인데, 이런 결과는 상식적으로 매우 이해하기 어렵다. 어떻게 의식적으로 결정하지 않은 사건이 뇌에서 진행된다는 말인가? 더군다나 뇌에서 진행되는 과정에서 0.2초는 '매우 긴' 시간이다.

리벳의 실험이 자유의지에 대해 함축하는 바는 무엇인가? 일부 학자들은 실험 결과를 수용하고 의식은 행동의 원인이 될 수 없다고 본다. 다시 말하면, 우리는 자유의지를 가지고 있지 않다는 것이다. 이와 반면에 실험 결과가 타당한지에 대해 의문을 제기하는 학자들도 있다. 그 학자들은 시간을 측정하는 방법, 특히 W를 측정하는 방법에 대해 문제를 제기한다. 예를 들어, 실험참여자들이 행동을 결정한 순간과 시계를 본 순간에 차이가 있을 것이라는 것이다.

이와 관련하여 리벳은 자유의지가 환상이라고도 하지 않았지만, 그렇다고 그것을 실제로 있다고 주장하지도 않았다. 실험 도중에 참가자들은 종종 손목의 움직임이 발생하기 전에 그것을 중단시켰다고 보고했다. 리벳은 그 점을 검사하기 위해 별도의 실험을 했는데 뇌 활성화RP는 정상적으로 발생했지만, 손목 움직임EMG이 발생하기 0.2초 전에 약해져서 사라진다는 점을 발견했다. 따라서 손목 움직임EMG이 발생하기 전까지 약 0.15초가 남는데, 리벳은 그 시간 동안 의식적 자아가 무의식적인 뇌의 결정을 뒤집을 수 있다고 주장했다. 0.15초가 거부권을 발휘될 수 있는 자유의지가 개입되는 시간인 셈이다. 리벳의 해석에 따르면 의식은 손목 구부리기를 시작하지는 않았지만 그것이 발생하는 것을 방지할 수는 있다. 달리 말하면, 우리는 자유의지를 가지고 있지는 않지만 '하지 않을 자유'는 가지고 있다는 것이다.

모두가 자유의지에 대한 리벳의 해석에 동의하는 것은 아니다. 유명한 신경과학자 마이클 가자니가Michael Gazzaniga 박사는 뇌과학과 자유의지의 문제를 양자택일의 문제로 보지 않는다. 뇌과학적 사실이 주어지거나, 우리가 뇌과학적으로 결정되어 있다고 하더라도, 우리는 여전히 자유의지를 가지고 있다는 것이다. 이런 입장을 '약한 결정론'이라고 하는데, 그것에 따르면 결정론과 자유의지는 양립 가능하다. 어떻게 그것이 가능한가? 약한 결정론자들은 '행위는 강제되어 있지 않을 경우에 자유롭다'고 주장한다. 따라서 강제되지 않는 한 인간은 자유롭고 따라서 자신의 행동에 책임을 져야한다. 뇌는 자동적이고 규칙 지배적이며, 결정론적 기관인 데 비해 우리는 자유롭게 결정하고 책임을 질 수 있는 행위자이다.

4
기계도 인간처럼 생각 할 수 있을까?

인류는 고대시대로부터 인간처럼 생각할 수 있는 기계를 상상해왔고 실제로 그런 기계를 만들려고 시도했다. 예를 들어 그리스 시인 호머의 『일리아드』에는 헤파이스토스가 만든 로봇 이야기가 등장하는데, 그 로봇의 일부는 인간을 닮았고 다른 부분은 기계를 닮았다고 한다. 중국에서는 기원전 3세기 경 주周나라 시대에 어떤 기술자가 왕에게 로봇을 제작하여 바쳤다는 기록이 있다. 1769년 오스트리아의 귀족 볼프강 켐펠렌Wolfgang von Kempelen은 여제 마리아 테레사를 위해 완전한 자동기계는 아니었지만 체스를 두는 '투르크Turk'를 제작했다.

인간처럼 생각할 수 있는 기계에 대한 현대적 논의는 영국의 수학자 알란 튜링Alan Turing으로부터 비롯되었다. 튜링은 '기계가 생각할 수 있는가'라는 질문에 대답하기 위해 독창적인 게임을 하나 제안했다.

튜링이 제안한 게임에는 세 사람(남자, 여자, 질문자)이 등장하는데, 그들은 각각 다른 목적을 가지고 있다. 질문자의 목적은 대화를 통해 남자와 여자 중 누가 남자이고 누가 여자인지를 판단하는 것이다. 남자의 목적은 질문자가 성별을 잘못 판단하도록 대답하는 것이고, 여자의 목적은 질문자가 올바른 판단을 내리도록 돕는 것이다. 그 세 사람은 완전히 격리된 방에 혼자 앉아 있는데, 그들 간의 대화는 서로 상대방을 볼 수 없도록 텔레타이프와 같은 방식을 통해서만 이루어진다고 가정하자.

⬩ 튜링검사 ⬩

출처 : wikipedia.org 〈그림 6〉

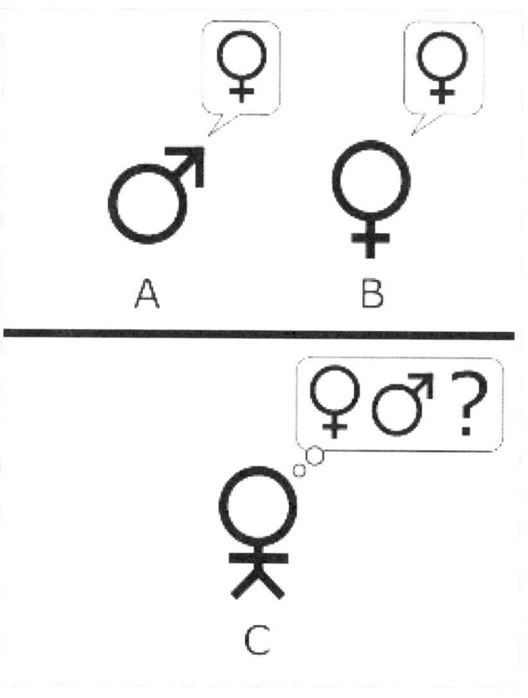

A : 남자 B : 여자 C : 질문자

정상적인 사람은 이 게임에서 남자의 역할을 하게 되면, 물론 항상은 아니겠지만 자신의 목적을 달성할 수 있을 것이다. 즉 질문자가 자신의 성을 여성이라고 잘못 판단 내리도록 속일 수 있다. 실험에 참여한 남자가 자신의 목적을 성공적으로 수행할 수 있는 이유는 그가 지능을 가지고 있기 때문이다. 즉 그 남자는 지능을 가지고 있기 때문에 튜링이 제안한 게임을 통과할 수 있었다.

이제 원래의 게임을 약간 변형하여, 다른 부분은 그대로 두고 남자를 기계로 대치했다고 가정해보자. 물론 여자와 질문자는 이전처럼 둘 다 인간이다. 그리고 게임 참여자들의 목적도 달라진다. 질문자의 목적은 기계와 여자 중 누가 인간이고 누가 기계인가를 판단하는 것이다. 기계의 목표는 질문자가 자기를 인간이라고 잘못 판단하도록 유도하는 것이고, 여자의 목적은 질문자가 자신을 인간이라고 올바르게 판단하도록 돕는 것이다. 튜링은 이 새로운 게임에서 만약 기계가 인간 질문자를 속일 수 있다면, 그 기계는 생각할 수 있다는 점을 인정해야 한다고 주장했다. 튜링이 제안한 게임은 튜링 검사Turing test라고 불린다.

튜링은 튜링검사를 1950년에 제안했는데, 그는 향후 50년 이내에 튜링검사를 통과할 수 있는 기계가 등장할 수 있을 것이라는 낙관적인 견해를 표명했다. 이런 낙관적 견해는 비단 튜링만의 전유물은 아니었다. 1943년에 최초의 디지털 컴퓨터로 인정되고 있는 애니악ENIAC이 등장했지만 튜링의 꿈을 구체화하는 데는 6년이 지났다.
생각할 수 있는 기계에 대한 인류의 오랜 꿈은 1956년 다트머스 대학교에서 열린 학술대회에서 인공지능Artificial intelligence이라는 용어가 처음으로 등장함으로써 구체화되었다. 다트머스 학술대회를 주도한 학자들은 인공지능의 목표가 인간 지능을 모의하는 것이고 그 목표는 시간이 흐르면 당연히 달성할 수 있다고 보았다.

다트머스 학술대회 이후 빠른 속도와 강력한 성능을 가진 컴퓨터들이 속속 개발되고 인공지능 연구가 활발해지면서 튜링검사를 통과할 수 있는 인공지능의 출현 가능성이 높아졌다. 일부 인공지능 학자들은 튜링검사를 통과할 수 있는 인공지능 프로그램을 개발했다고 주장하고는 있지만 2016년 현재, 미국컴퓨터협회ACM가 튜링검사를 통과했다고 공식적으로 인정한 인공지능은 없다. 이런 결과와 관련해 일부 학자들은 튜링검사는 인간의 지능에 대해 지나치게 높은 기준을 제시한다고 주장하기도 한다. 그들에 따르면 튜링검사를 통과할 수 있는 기계는 출현할 수 없다는 것이다. 왜냐하면 기계는 거짓말을 할 수 없기 때문이다.

기계는 인간을 속일 수 없을까? 정말로 기계는 거짓말을 할 수 없을까? 비록 영화이긴 하지만 1968년에 개봉된 〈2001: 스페이스 오디세이〉에는 거짓말을 하는 컴퓨터 'HALL 9000'이 등장한다. 우리는 여기서 "거짓말을 할 수 없기 때문에 기계는 인간을 속일 수 없다"라는 주장과 "거짓말을 할 수 있더라도 기계는 인간을 속일 수는 없다"라는 주장을 구별해야 한다. 인간의 경우, 거짓말을 하면 양심의 가책을 받을 수 있지만 거짓말 때문에 생명이 끝나지는 않는다. 이와 반면에 기계의 경우 거짓말은 내부적 모순을 야기할 것이고 그 결과 버그나 오작동이 발생할 것이다. 이런 의미로 기계는 원칙상 거짓말을 할 수 없다. 그러나 만약 기계가 자의식을 갖는다면 거짓말하는 자신을 상상할 수 있기 때문에, 거짓말에 의한 버그나 오작동이 발생하지 않을 수도 있다. 우리는 앞에서 허위믿음 검사를 통해 인간은 3세 전후로 거짓 믿음의 가능성을 이해하게 된다는 것을 보았다. 그렇다면 기계 역시 일정한 진화 단계를 거쳐서 거짓 믿음을 가질 수 있고 그 결과 튜링검사를 통과할 수도 있을 것이다.

인간이 거짓말을 할 수 있는 것은 정서 때문이라는 견해도 있다. 그 견해에 따르면 인간과 기계를 순수한 지능에 의해 구분하는 것은 별로 의미가 없다. 왜냐하면 인간과 기계를 구분하는 것은 정서이기 때문이다. '기계가 생각할 수 있는가'라는 원래의 물음은 이제 '기계가 정서적일 수 있는가'라는 질문으로 변경되었다. 이런 상황에서 우리가 인간이 무엇인지를 정확히 이해하지 않는 한, 그 두 가지 질문에 대해 만족스러운 대답을 제시하기는 어려울 것 같다.

모든 학자들이 튜링검사가 지능에 대해 높은 기준을 제시한다는 입장에 동의하는 것은 아니다. 그와 반대로 일부 학자들은 튜링검사는 지능에 대해 지나치게 낮은 기준을 제시한다고 비판하면서 심지어는 튜링검사는 지능에 대한 기준이 될 수 없다고 주장하기도 한다. 그들에 따르면 튜링검사에서 남자의 역할, 즉 질문자를 속이는 역할을 성공적으로 수행하는 능력은 지능에 대한 충분조건이 될 수 없다. 왜냐하면 인간의 지능은 단순히 그런 능력만으로 확인할 수 없기 때문이다. 인간은 그런 능력 이외에도 다른 능력을 갖고 있다. 예를 들어 인간은 생각하고 사랑하고 배려하는 능력을 갖고 있다. 그런 능력들을 지知, 정情, 의意라는 세 부분으로 구분해 보면 튜링검사가 제시하는 기준은 기껏해야 그중 하나인 '지知'의 부분에만 적용될 수 있다.

다른 한편으로 튜링 게임에서 대화 상대자를 속이는 역할을 성공적으로 수행하는 능력은 지능에 대한 필요조건도 될 수 없다. 그런 역할을 하지 못한다고 해서 지능을 갖지 못한다고 볼 수 없기 때문이다. 이러한 비판이 과연 성립하는지는 정신이 지, 정, 의로 구분할 수 있는지에 달려있다. 우리는 여기서 그 문제를 더 이상 다루지 않을 것이지만, 그런 3분법이 성립하더라도 기계가 그런 요소들을 갖지 못할 과학적 근거가 없다는 점에도 유의해야 한다.

인공지능에 대한 튜링의 낙관적 견해와 대조적으로 기계가 지능을 모의하는 것은 원칙적으로 불가능하다고 보는 견해가 있다. 캘리포니아 대학교의 존 썰John Searle 교수는 이런 입장을 대표하는 철학자이다.
썰은 인공지능의 불가능성을 주장하기 위해 먼저 인공지능을 약한 인공지능Weak AI과 강한 인공지능Strong AI으로 구분한다. 약한 인공지능은 인공지능 프로그램을 탑재한 컴퓨터가 인간의 마음을 연구하는데 있어서 매우 효율적인 수단을 제공한다고 보는 입장이다. 약한 의미의 인공지능은 '컴퓨터가 실제로 마음을 갖는다'와 같은 존재론적 주장을 하지 않고 '컴퓨터는 마음을 연구하는 데 있어 매우 유용한 도구이다'와 같은 방법론적 측면을 강조한다. 이와 반면에 강한 인공지능은 인공지능 프로그램을 탑재한 컴퓨터가 인간과 같은 심성 상태를 구현한다는 의미에서 문자 그대로 '마음을 갖는다'고 간주한다. 썰이 비판하는 입장은 바로 이런 강한 인공지능이다.
강한 인공지능의 지지자들은 인간의 심성 상태를 구현하는 프로그램을 개발하기 위해 인간이 일상적으로 사용하는 자연언어 이해를 연구하기 시작했다. 그들이 이런 전략을 선택한 데에는 분명한 이유가 있었다. 그것은 기계가 인간처럼 자연언어를 이해할 수 있다면 그것은 튜링검사를 통과할 수 있다고 보았기 때문이었다.

썰 교수는 인공지능 프로그램은 실제로 자연언어를 이해하지 못한다는 점을 주장하기 위해 '중국어방 논변Chinese Room Argument'이라고 부르는 사고실험을 제안했다. 중국어방 논변의 내용은 다음과 같다.

✒ 중국어방 논변 ✒

출처 : S. Blackmore, *Consciousness*. 2004 〈그림 7〉

중국어를 전혀 이해하지 못하는 사람이 [그림 7]처럼 방 안에 혼자 있다고 가정해 보자. 방 외부에 있는 사람들은 방 안을 볼 수 없다. 방에는 입력창과 출력창이 하나씩 있는데, 방 밖에 있는 사람들은 입력창을 이용하여 방 안에 있는 사람에게 중국어로 쓰인 질문지를 제시한다. 방 안에는 중국어 문자들이 들어있는 바구니들과 질문에 대한 올바른 대답을 제시하는 데 필요한 규정집이 놓여 있다. 여기서 중국어 문자 바구니들은 데이터베이스에 해당하고, 규정집은 컴퓨터 프로그램에 해당한다. 방 안의 사람은 규정집에 따라서 중국어로 된 질문에 대해 적절한 대답을 선택하여 출력창을 통해 방 밖으로 내보낸다.

이제 방의 외부에 있는 사람들은 방 안에 있는 사람이 중국어를 잘 이해한다고 생각할 것이다. 그러나 방 안의 사람은 실제로는 전혀 중국어를 이해하지 못한다. 그는 단지 규정집에 따라서 기계적으로 중국어 문자를 기호적으로 조작하고 있을 뿐이다. 방 안에 있는 사람은 중국어를 전혀 이해하지 못하지만 프로그램에 따라서 중국어를 처리할 수 있고 그 결과 중국어를 잘 이해하는 것으로 여겨진다. 썰이 중국어방 논변을 통하여 주장하는 것은 "컴퓨터가 자연언어를 이해한다"는 생각은 잘못이라는 점이다. 컴퓨터는 결코 중국어를 이해하지 못한다. 그렇다면 컴퓨터가 하는 것은 정확히 무엇인가? 썰에 따르면 컴퓨터는 구문적 기호조작을 하고 있다. 컴퓨터는 기호들에 대한 이해가 전혀 없이 그것들을 단지 구문적으로 조작할 뿐이다.

썰에 의하면 중국어방 논변은 인간의 지능을 모의할 수 있다고 주장하는 모든 프로그램에 해당된다. 썰은 인공지능 프로그램이 이야기를 이해하는 것처럼 보일 수는 있지만 그런 인상은 단지 프로그램에 대한 오해 때문에 발생한다고 주장한다. 컴퓨터는 의미를 이해하지 못하기 때문에 처리되고 있는 기호에 대해 어떠한 지향성도 갖고 있지 않다. 자연언어를 이해하는 것은 인간 지능의 근본적 특징이므로 인공지능 프로그램이 설사 튜링검사를 통과했다고 인정되더라도 자연언어를 이해한다고는 볼 수 없다. 썰에 따르면 이런 의미로 인해 튜링검사는 '기계가 생각할 수 있는가'에 대한 적절한 기준이 될 수 없다.

가치 있는 삶과
내러티브를 통한 뇌교육

가치 있는 삶이란 무엇인가? 어떻게 하면 가치 있는 삶을 살 수 있을까? 뇌과학을 통해서 가치 있는 삶은 어떻게 발견될 수 있을까?

이러한 질문들이 우리에게 중요한 이유는, 가치를 배제한 삶은 진정한 삶이 될 수 없기 때문이다. 가치가 있는 삶과 대비되는 삶의 형태, 다시 말해서 가치가 크게 떨어진 삶이나, 가치가 없는 삶을 사는 것이 얼마나 끔찍한 일인지는 수많은 문학, 예술 작품과 영화를 통해 간접적으로 경험할 수 있다. 뇌과학에서는 가치 없는 삶의 끔찍함을 딛고, 가치 있는 삶으로의 변화가 교육을 통해서 가능하다고 본다.

물론 가치 있는 삶을 산다는 것이 그리 쉽지만은 않은 일이다. 더 정확히 말하자면 매우 어렵다. 왜 어려운가? 그것은 인간의 경계성 때문이다. 인간은 신도 아니고 동물도 아니다. 이런 이중적 성격은 다윈과 프로이트에 의해 밝혀졌다. 인간은 한편으로는 침팬지와 고릴라와 함께 한동안 동일한 진화 과정을 걸어온 존재이며, 다른 한편으로 인간 의식의 밑바탕에는 도덕과는 무관한 거대한 무의식의 지배를 받는 존재이다. 뇌교육은 일차적으로 인간의 의식적 차원에 초점을 맞추지만 뇌교육 방법론에서 보았을 때 인간의 무의식은 중요한 역할을 담당한다.

이런 의식과 무의식이 공존하는 원초적 경계성은 우리에게 주어진 생존 조건이다. 그런데 우리는 그 조건을 벗어날 수 없다. 따라서 경계성을 심각하게 고민할 필요는 없다. 우리가 진정으로 고민해야 할 것은 그것 때문에 발생하는 가치와 당위의 문제이다. 이렇게 우리에게 부과된 소명, 즉 가치 있는 삶을 추구해야 한다는 당위성은 두 가지 문제를 제기한다. 첫째, 가치 있는 삶이란 무엇이냐는 것이다. 둘째, 어떻게 가치 있는 삶을 살 수 있느냐의 문제가 있다. 전자는 '정의What'에 대한 질문이고 후자는 '방법How'에 대한 질문이다.

1
가치 있는 삶을 위한 뇌교육을 하자

가치 있는 삶을 말할 때 '행복'을 제외하고 이야기하기는 어렵다. 행복이 삶의 가치를 부여한다는 점을 부인하기 어렵기 때문이다. 누구나 행복한 삶을 원한다. 행복이라는 개념은 다의적이고 세속적으로 이해되기도 한다. 즉, 행복이라는 말은 사람에 따라 매우 다르게 사용될 뿐만 아니라, 물질적인 풍요만을 고려하는 방식으로 사용되기도 한다. 그러므로 행복을 삶의 목적으로 인정하더라도, 그 개념을 좀 더 제한적으로 사용할 필요가 있다.

우리는 경험을 통해 '행복한 삶'과 '가치 있는 삶'이 항상 일치하지 않는다는 것을 잘 알고 있다. 어떤 사람이 행복한 삶을 살고 있다고 하더라도 그의 삶이 반드시 가치 있는 삶이 되는 것은 아니다. 예를 들어, 수많은 유대인을 학살한 아돌프 아이히만Adolf Eichmann은 자신의 임무를 수행하면서 행복한 삶을 살았다고 생각했겠지만 그 누구도 그의 삶이 가치 있었다고 인정하지는 않는다.

행복에도 등급이 있다. 철학자 존 스튜어트 밀John Stuart Mill은 "배부른 돼지보다 배고픈 소크라테스가 되겠다"라는 말을 통해 그 점을 분명히 했다. '배부른 돼지'는 세속적 행복의 상태에 있고 '배고픈 소크라테스'는 정신적 행복의 상태에 있다. 정신적 행복에 도달하는 올바른 길은 가치 있는 삶에서 발견된다. 어떻게 가치 있는 삶을 살고 있다는 점을 확인할 수 있는가? 이 질문에 대해 소크라테스는 "성찰하지 않는 삶은 살 가치가 없다"고 대답했다. 소크라테스의 말을 다시 표현하면, 가치 있는 삶은 성찰을 통해 가능하다는 것이다. 여기서 성찰이란 철학적 반성을 의미하는 것으로써 당연한 것으로 믿어지고 있는 삶의 전제들을 비판적으로 검토하는 것을 의미한다. 성찰된 삶은 소크라테스뿐만 아니라 동양 사상에서도 강조되었다. 『논어論語』〈학이편學而篇〉에는 "나는 날마다 세 가지를 가지고 스스로 반성한다吾日三省吾身"는 구절이 있다.

뇌과학에서는 반성을 통해 신경전달물질이 활발하게 움직여 정서와 사고에 영향을 미치는 것을 발견할 수 있다. 트롤리의 실험에서도 나타나듯이 인간은 선택하는 순간 윤리적 판단에 봉착하는데 어떤 선택을 하든지 간에 왜 그런 선택을 했는지를 스스로 분석하고 그것에 대해 자기 성찰을 수행해야 한다. 성찰하는 삶을 통해서 뇌는 계속적으로 활동하고 신경전달물질을 형성하며, 시냅스의 활동을 일으키고 뇌의 가소성을 높여 간다.

삶은 시간을 타고 흘러가는 배와 같다. 나는 그 배의 선장이다. 선장으로서의 나는 배가 어디로 가고 있는지를 분명히 알고 있어야 하며, 연료나 식수와 같은 항해에 필요한 물품도 미리 잘 준비해야 한다. 항해하는 동안 폭풍을 만나지 않는 것도 중요하지만 최종 목적지에 도달하기 위해서라면, 때에 따라서 큰 바다에 나가야 할 때도 있고 큰 폭풍을 만날 때도 있다. 여기서 중요한 것은 아무런 장애 없이 배가 전진하고 있다는 것이 아니라 최종 목적지를 향해 나아가고 있다는 점이다. 항해하는 동안 배는 최종 목적지를 해야 일직선으로 나아가지 않고 갈지之자로 운행하거나, 심지어는 반대 방향으로 운행할 수도 있다. 이런 상황에서 최종 목적지를 행해 배를 조종하기 위해서는 뇌의 활동을 건강하게 만들고 뇌의 가소성을 높이는 '철학적 성찰'이 필요하다.

2

뇌교육은 마음의 상처를 치유하는 데 도움을 준다

삶은 문제의 연속이다. 아이들은 삶의 문제들을 다루고 극복해 나가면서 성장하는데, 그 과정에서 아이들은 마음의 상처를 받고 고통을 경험한다. 아이들의 뇌는 이러한 상처와 고통을 통해서 성장한다. 마음의 상처를 경험하면 신경세포를 연결하는 시냅스 망에서 특정한 시냅스의 파괴가 발생한다. 만약 그런 시냅스가 삶에 필요한 경우, 정확히 동일한 것은 아니지만 유사한 기능을 하는 것을 다시 생성해야 한다. 어떻게 그것이 가능한가? 마음의 치유를 통해서 가능하다. 상처를 받아서 소멸된 신경세포나, 시냅스는 치유를 통해 재탄생한다. 그렇다면 어떻게 아이들의 마음을 치유해야 하는가?

여기서 마음 치유를 이야기하려면 마음이 몸과 세계에 체화되어 있다는 것을 다시 한 번 거론하지 않을 수 없다. 마음의 상태는 몸으로 드러나게 되어 있고 몸의 상태도 마음에 영향을 미치는데 마음의 체화성은 건강과 밀접하게 연관되어 있다. 세계보건기구WHO는 1946년에 발표한 헌장을 통해, 건강은 질병에 걸리지 않거나 몸이 허약하지 않은 것에 그치지 않고 완전한 신체적, 정신적, 사회적 참살이의 상태라고 강조하고 있다.

체화주의에 따르면, 몸과 마음은 상호 분리된 것도 아니요, 그렇다고 '물 = H_2O'처럼 동일성 관계에 있는 것도 아니다. 마음은 주체가 생물학 · 사회적 환경에 적응하는 매 순간의 상호작용에서 존재하며, 뇌, (뇌 이외의) 몸, 환경(세계)이 하나의 단위로 작용하는 통합체, 즉 주체에서 성립한다. 우리는 자신을 세계로부터 분리할 수 없다. 몸의 상태는 의식의 반영이고 의식과 몸은 분리되어 질 수 없다. 더불어 세계도 몸과 의식에 영향을 미치고 있기 때문에 몸과 마음과 세계는 하나로 연결되어 있다.

마음 치유를 규정하는 두 가지 근본 원리가 있다.
① 체화성 원리 : 마음은 몸과 환경에 체화되어 있다. 체화성 원리에 따르면, 마음은 몸뿐만 아니라 세계에 구현되어 있으므로 마음을 치유하기 위해서는 뇌, 몸, 세계를 모두 고려해야 한다. 아이가 겪는 마음의 고통은 일단은 뇌 안에서 진행되는 것이기 때문에 뇌과학적으로 이해되어야 한다. 그러나 아이의 고통은 혼자만의 문제가 아니라 그가 살아가고 있는 가정, 학교, 사회에 뿌리를 내리고 있다. 이런 의미에서 아이의 고통은 개인적 차원뿐만 아니라 사회적 차원을 갖고 있으며, 그렇기 때문에 뇌교육은 사회적 마음을 고려해야 한다.

② 초월성 원리 : 인간은 현재의 상태를 유지하는 데 만족하지 않고 보다 더 나은 상태를 지향한다. 초월성 원리는 인간이 다른 존재들과는 달리 몸뿐만 아니라 마음과 영혼을 가진 존재라는 점에 기반을 두고 있다. 빅터 프랑클Viktor Frankl은 『죽음의 수용소에서』라는 저서를 통해 인간은 삶의 의미를 추구하는 존재라는 점을 강조하고 있다. 그에 따르면 인간은 신체, 마음, 영혼이라는 세 가지 요소로 구성되어 있는데 그것들은 다음과 같은 특징을 갖는다.

- 신체: 생물학 법칙의 지배를 받음
- 마음: 심리학 법칙의 지배를 받음
- 영혼: 생물학이나 심리학 법칙의 지배를 받지 않으며 자유의지를 소유함

몸과 마음은 각각 생물학과 심리학의 법칙들에 따라 작동하기 때문에 그 안에서 발생하는 문제는 인과적으로 해결될 수 있다. 반면에 영혼의 작동은 법칙 적이지 않고 자유의지에 따라 움직이기 때문에 마음치유는 자율성과 초월성을 기반으로 한다. 프랑클은 특히 의미에로의 의지를 강조했는데, 그것은 삶의 의미를 이해하려는 인간의 가장 근본적인 욕구이다.

초월성은 항상성Homeostasis의 반대 개념이다. 항상성은 생명 현상에 필요한 균형을 유지하려는 본능이다. 인간은 다른 생명체와 마찬가지로 생명을 유지하기 위해서 체온 유지, 음식 섭취, 신진대사 등과 같은 활동을 통해 생물학적 항상성을 유지해야 한다. 그러나 그런 항상성 유지는 삶의 필요조건이기는 하지만 충분조건은 될 수 없으며 더군다나 삶의 본질이 될 수도 없다. 항상성 유지가 인간 삶의 본질은 아니므로 마음치유는 항상성 유지를 목적으로 하지 않는다. 기존의 많은 정신치료는 균형, 평형, 항상성과 같은 긍정성만을 강조함으로써 부정성이 중요하다는 점을 간과해 왔다. 그러나 우리는 삶이 긍정성만으로 채워질 수 없으며 설사 그것이 가능하더라도 진정한 행복에 이르기는 어렵다는 점을 경험을 통해 잘 알고 있다. 마음 치유는 고통, 곤경, 아픔, 절망의 부정성과 그것에 대한 인내, 극기, 수양이라는 덕목의 중요성을 강조한다.

뇌과학을 통해 초월성을 가능하게 해주는 교육은 상상력을 극대화하는 것이다. 여러 가지 상황에 대한 상상을 통해 상처가 아무렇지도 않게 되는 것을 경험하는 것이다. 이렇게 상처가 아무렇지도 않게 반응할 때 신경세포의 소멸과 시냅스의 연결이 끊어지는 것을 완화할 수 있다.

부모가 할 수 있는 교육은 아이가 상처를 받았을 때 스스로 극복할 수 있도록 돌봐주는 것이다. 아이는 지지자를 통해 상상을 할 수 있게 된다. 더 높은 차원으로의 상상하는 힘이 뇌를 활성화 시키는 것이다.

3

내러티브적 이해는 뇌교육을 극대화하여 뇌의 가소성을 높인다

내러티브는 우리의 삶과 세계를 조직하고 거기에 의미를 부여하는 대화의 한 형태이다. 내러티브는 자신의 경험을 이해하기 위한 수단인 동시에 반대로 자신의 경험을 구성하기도 한다. 이런 특징 때문에 내러티브는 행위, 의도, 목적을 뇌교육의 맥락에서 적절한 방식으로 연결할 수 있고 중요한 뇌교육 방법론을 제공한다.

내러티브적 관점에서 보면 인간은 내러티브의 망 속에서 태어나며 삶의 목적을 다양한 이야기 속에서 발견하게 만드는 내러티브적 질문을 통해 규정한다. 이런 의미로 인간은 내러티브적 주체로서, 즉 '호모 나랜스Homo narrans'로 태어나기 때문에 인간의 의도적 행위는 내러티브 망과 분리하여 이해하기 어렵다. 철학자 알래스데어 매킨타이어Alasdair MacIntyre는 행위를 의도와 분리하여 규정하는 것은 불가능하다고 주장하면서 행위가 발생하는 맥락을 강조한다. 행위는 행위자의 의도, 동기, 목적에서 의식적으로 흘러나오므로 우리는 행위자에게 그의 행위에 대한 이해 가능한 설명을 요청할 수 있다. 다시 말하면 우리는 행위의 역사적 특징과 그것의 맥락을 설명하기 위해 행위에 대한 내러티브적 설명이 필요하다. 이런 점에서 내러티브는 우리의 행위, 동기, 사고를 이해하는 데 있어서 핵심적 역할을 담당한다.

아이들을 키우고 교육하는 데 있어서 중요한 것은 그들의 행위의 배후에 있는 의도와 목적을 이해하는 것이다. 행위는 눈에 보이지만 의도와 목적은 눈으로 확인할 수 없기 때문이다. 어떻게 그것에 접근할 수 있는가? 내러티브 이론은 의도, 의도적 행위, 목적에 접근할 수 있는 구체적 방법을 제공한다.

아이들의 고민에 대한 내러티브적 접근을 쉽게 하는 한 가지 방법은 자전적 글쓰기를 유도하는 것이다. 삶은 구조를 갖고 있으며, 따라서 삶에서 발생한 고민거리 역시 내러티브적 구조를 갖기 마련이다. 프랑스 철학자 폴 리꾀르Paul Ricoeur에 따르면 인간 행위는 다음과 같은 7가지의 내러티브적 구조를 갖고 있다.

- 목적 : 행동은 목적 지향적이다. 행동의 목적은 우리가 달성하기를 원하는 사건들이나 상태들로 구성되어 있다.
- 동기 : 행동은 동기화되어 있다. 우리는 이유를 제시함으로써 부분적으로 행위를 설명할 수 있다.
- 행위자 : 행위자의 정체성은 그의 행위를 통해 나타난다.
- 맥락적 환경 : 행동은 그것의 성격을 결정하는 도덕적으로 의미 있는 맥락 안에 구현되어 있다.
- 타자와의 상호교류 : 행동은 타자를 포함한다.
- 의미 있는 존재 : 행동은 의미 있는 삶을 살기 위한 행위자의 노력이다.
- 책임 : 행동은 행위자의 것이기 때문에 그는 자신의 행동 결과에 대해 책임을 져야 한다.

리꾀르가 제시한 행위의 내러티브적 구조에서 아이의 고민을 치유하는 데 활용할 수 있는 것은 목적, 동기, 맥락적 환경, 타자이다. 그 네 가지 요소를 구체적으로 글로 적는 자전적 글쓰기를 통하여 아이는 점차 자신의 행위의 목적과 동기를 파악하고 그와 관련된 다른 행위자들과 사회적 맥락을 이해하게 된다. 이런 작업을 통하여 아이는 자신의 삶을 철학적으로 성찰하는 능력을 함양할 뿐만 아니라 자신의 행위를 이해함으로써 마음을 치유할 수 있게 된다. 이런 점에서 자전적 글쓰기는 성찰적 삶과 마음 치유를 연결하는 좋은 매체이다.

뇌교육의 초점은 어디에 둘 것인가?

우리는 지금까지 뇌의 구조와 기능에 관한 이야기에서부터 뇌교육과 관련된 질문들을 검토해 보았고, 철학적 성찰과 내러티브적 이해를 통해 의미 있는 삶을 살아가는 방법을 살펴보았다. 이제 우리는 '뇌과학 시대에 어떻게 아이들을 교육할 것인가'에 관심을 두고 뇌교육의 초점을 어디에 맞춰야 할지 상상력, 예술교육, 자제력 교육, 칭찬과 꾸중을 중심으로 검토해 보기로 한다.

인간의 뇌는 하드웨어적으로 엄청난 능력을 지닌 슈퍼컴퓨터이다. 하지만 인간은 특정 과제를 수행하는 데 있어서 이미 컴퓨터보다 열세인 부분들이 나타나고 있다. 예를 들어, 인간은 복잡한 수학 계산이나 빅데이터 처리에서는 컴퓨터의 상대가 되지 못한다. 왜 이런 일이 발생하는가? 이에 대해 그럴듯한 대답은, 인간의 뇌는 제대로 된 소프트웨어가 제공되지 않는다는 것이다. 다시 말하면, 인간의 뇌는 하드웨어적으로 슈퍼컴퓨터이지만 그것을 제대로 운용하는 데 필요한 소프트웨어가 제공되지 않았다.

우리에게 잘 알려진 천재들은 특정 영역에 적합한 소프트웨어를 갖고 태어난 사람들이다. 모차르트는 매우 훌륭한 음악을 작곡하는 데 적합한 소프트웨어를 갖고 태어났으며, 셰익스피어는 문학 소프트웨어를, 피카소는 미술 소프트웨어를, 아인슈타인은 물리학 소프트웨어를 가지고 태어났다. 그러나 보통의 사람들은 특정 분야에 초점을 둔 프로그램이 아니라 범용 프로그램을 가지고 태어난다. 따라서 부모는 자신의 아이들이 어떤 프로그램을 갖고 태어났는지를 조기에 발견하여 그것이 잘 발휘되도록 교육하는 것이 중요하다. 다음은 뇌과학 시대에 우리 아이들에게 필요한 뇌교육의 방향들이다.

1
상상력 교육

상상력은 외부 자극이 없는 상태에서 마음속으로 무언가를 구성하는 능력이다. 구체적으로 상상력은 감각이나 지각이 관여하지 않은 상태에서 마음속에서 심상과 개념을 형성하는 능력을 말한다. 우리는 종종 눈을 감고 마음속으로 상상의 나래를 펼치곤 하는데 그 폭은 실로 무한 무궁하며, 인간의 위대성은 그런 무한한 상상력을 바탕으로 한다.

고대 그리스어에서 '상상phantasia'이라는 말은 '나타나게 한다' 또는 '보이게 하다'라는 의미를 지닌 동사에서 파생되었다. 아리스토텔레스는 『영혼론』에서 상상력은 감각적 대상이 사라진 이후에만 작용한다고 보았다. 그에 따르면 상상력의 주요 기능은 감각 이후의 인상을 형성하는 것과 기억을 형성하는 것이다. 그러므로 상상력은 감각과 이성의 중간에서 작용한다. 중국사상가 한비자韓非子에 따르면, '상상想像'이라는 말은 코끼리를 한 번도 본 적 없는 중국 사람들이 인도에서 온 코끼리의 뼈를 보고 '코끼리의 형상을 머릿속으로 그렸다'는 데서 유래했다고 한다.

인간의 문명과 문화는 상상력의 산물이다. 위대한 사상가, 철학자, 예술가들은 모두 상상력의 대가들이었다. 레오나르도 다빈치, 셰익스피어, 괴테, 갈릴레오, 데카르트, 슈만, 칸트, 아인슈타인은 상상력의 대가였다. 그들이 상상력의 대가인 이유는 상상의 내용이 창의적이라는 점과 더불어 그 창의적 내용을 이성적으로 구현했다는 데 있다. 여기에 상상력, 창의성, 이성 사이의 관련성이 나타난다. 인간은 누구나 상상력을 갖고 있지만 상상력 대가들의 상상력은 다음과 같은 특징을 갖는다.

- 창의적 내용 : 이전에는 느낄 수 없었던 것을 생각하여 이미지화함
- 이성적 구성 : 창의적 이미지에 논리와 형식을 부여함으로써 개념화함
- 예술적 표현 : 개념화된 상상에 틀을 부여함으로써 문학, 음악, 미술, 철학, 과학, 건축 등과 같은 형태로 구체화함

1929년, 시인이자 저널리스트였던 조지 비어렉George Viereck은 아인슈타인 박사를 만나 상대성이론을 어떻게 발견했는지 질문했다. 아인슈타인은 그 질문에 대답하는 과정에서 상상력이 지식보다 더 중요하다는 말을 했다. 왜냐하면 지식은 우리가 현재 알고 있고 이해하고 있는 것에만 국한되지만, 상상력은 앞으로 알려지고 이해해야 할 모든 세계를 포용하기 때문이다.

상상력이 풍부한 아이들은 창의적일 가능성이 매우 높다. 그러나 우리의 학교 교육은 아이들의 상상력을 고양시키는 교육이 아니라, 지식을 습득하는 교육에만 치중하고 있다. 물론 지식이 없는 상상력은 모래 위에 지은 누각과 같다. 아인슈타인의 경우에도 만약 그가 물리학에 관한 전문지식을 학습하지 않았더라면 상대성이론을 창안하지 못했을 것이다. 그러므로 올바른 교육은 '상상력과 함께 가는 학습'의 형태를 취해야 한다.

2
예술교육

많은 학자들이 예술은 상상력을 자극하고 고양하는 데 가장 좋은 교육 방안이라는 데 동의한다. 2009년, 존스홉킨스 대학교에서 개최된 뇌교육에 관한 회의Neuro education: learning, arts, and the brain에서 하버드 대학교 심리학과의 제롬 케건Jerome Kegan 교수는 학교에서 예술의 중요성을 지지하는 6가지 좋은 이유를 발표했다.

① 예술은 국어와 산수를 마스터하는 데 뒤처진 학생들의 자아존중감을 높여 준다.
많은 학생들이 수업 시간 동안 다른 학생들과의 비교를 통해서 뒤떨어진 자신의 능력에 대해 비관한다. 그들의 자기 능력에 대한 실망스러운 평가를 완화시키는 방법은 그들에게 다른 수업 시간에 성공할 기회를 주는 것이다. 미술, 음악, 영화는 그 좋은 후보들이다. 여기서 주의해야 할 점이 하나 있는데, 그것은 바로 학생들의 작품을 점수화하거나, 평가하지 말아야 한다는 점이다.

② 예술은 자녀의 성적과 재능에 지나친 관심을 가지고 그들을 과보호하는 부모들로부터 애 취급을 받아온 중상층 아이들에게 도움을 준다.
오늘날, 중산층 부모들은 많은 영역에서 자녀들의 성취에 대해 지나치게 걱정하고 있다. 자녀의 안전과 성취에 대해 지나치게 걱정

하고 TV나 인터넷을 자유롭게 이용하는 시간을 제한하는 것은 어린이들이 갖추어야 할 주체성의 발달을 저해한다.

③ 예술은 언어 중심적 교육의 한계를 극복할 수 있다.
마음은 지식을 획득하고 저장하고 교류하기 위한 세 가지의 수단을 사용한다. 첫 번째 요소는 절차적 지식이다. 인류의 진화에서 10만 년 동안 가장 중요한 지식은 씨뿌리기, 수확하기, 그릇 만들기, 요리하기, 수렵하기 등과 같은 운동 기술과 관련되었다. 산업혁명 이후로 기계가 인간의 노동을 대신하면서 절차적 지식의 중요성이 감소해 왔지만, 여전히 그것은 중요하다. 미술과 음악 역시 절차적 지식에 기반을 두고 있다.

두 번째 요소는 심리학자들이 스키마Schema라고 부르는 지각적 표상이다. 스키마는 마음이 어떤 장면이나 대상, 얼굴, 멜로디에 대한 이미지를 생성할 때 요청되는 것으로 화가들과 음악가들에게는 핵심적인 요소이다. 예를 들어, 19세기 과학자 벤젠Benzene은 6개의 탄소 원자가 환을 이루고 있는 꿈을 꾼 후 벤젠의 화학적 구조를 실제로 발견했다.

세 번째 요소는 언어이다. 언어는 복잡한 의미망을 갖추고 문명화된 삶을 지배하고 있으며 학문과 문화는 언어적으로 표현되고 있다. 그러나 언어는 추상적이므로 그것이 기술하는 대상과 분리되어 있다. 미술과 음악은 스키마적 지식과 절차적 지식을 동시에 요청하기 때문에 자신과 세계에 대한 아이의 이해력을 향상시켜준다.

④ 예술은 가치를 제공한다.

기성세대들은 그동안 명예로운 것으로 간주되어온 가치들(복종, 인내, 노동)을 자연스럽게 당연한 것으로 받아들인다. 그러나 대다수의 젊은이들은 그런 가치들을 잘 이해하지 못하며 복종을 요구하는 기성세대들의 요구에 대해서도 혼란과 저항을 느낀다. 이러한 세대간 차이를 해소하는데 예술이 커다란 역할을 하수 있다. 미술과 음악은 아이들에게 미적 대상을 창조하는 데 필요한 복종, 인내, 노동의 가치를 인정하고 그것을 위한 자신들의 노력이 칭찬받을 가치가 있다는 점을 깨닫게 할 것이다. 그들이 창조한 작품을 감상하고 향유하기 위해 다른 사람들이 참여할 것이고 그러한 참여에서 나타난 다른 사람들의 인정과 칭찬은 학업에서 A학점을 받는 것보다 더 중요하다.

⑤ 예술은 학생들에게 협동 작업의 기회를 제공한다.

예술 교육은 벽화 작업이나, 학교 오케스트라 연주를 통해 학생들에게 협동 작업의 기회를 제공한다. 개인과 사회, 자아와 대한 관심과 타자에 대한 관심의 조화가 깨진 사회는 건강할 수 없는데 예술은 그런 조화를 유지해준다.

⑥ 예술은 완전히 의식되지 않았거나 말로는 일관성 있게 표현할 수 없는 감정과 갈등을 경험하고 표현하는 기회를 제공한다.

학교에서의 왕따, 폭력적인 부모를 두려워하는 아이들은 논리적이며 일관성 있게 자신의 의견을 표현하기 힘들어한다. 하지만 이들에게 예술적 교육을 실행한다면 그들은 자신들의 감정과 현재의 마음 상태를 그림이나 음악을 통해 함축적이고 의미 있게 표현할 수 있다.

3
자제력 교육

의지력, 특히 자제력은 신속함과 편리함으로 대변되는 현대 물질문명에서 참다운 삶을 살아가는 데 필요한 덕목 중 하나이다. 다음은 자제력의 중요성을 보여주는 대표적 실험이다.

① 마시멜로 실험

1970년, 스탠퍼드 대학교의 심리학자 월터 미셸Walter Mischel과 그의 연구팀은 네 살짜리 아이들 186명을 대상으로 인내력과 관련된 흥미로운 실험을 수행했다. 유치원 선생님이 아이를 한 번에 한 명씩 방으로 데리고 들어가 마시멜로 사탕이 하나 들어 있는 접시를 보여주고 언제든 원할 때 마시멜로를 먹을 수 있게 했다. 하지만 선생님이 다시 돌아올 때까지 15분 동안 먹지 않으면 마시멜로를 하나 더 얻을 수 있다고 말해주었다. 그다음에 아이한테 방에 혼자 기다리도록 했다. 실험 결과는 참가자의 1/3이 끝까지 15분 동안을 참았고 나머지는 참지 못하고 중간에 마시멜로를 먹은 것으로 나타났다.

그리고 마시멜로를 먹은 아이들과 먹지 않고 참았던 아이들의 그 이후의 삶에 어떤 차이가 나타났는지 알아봤다. 15년이라는 긴 시간에 걸친 추적 연구 후 밝혀진 것은 그 차이가 크다는 점이었다.
자제력을 발휘해 15분을 버틴 아이들이 그렇지 않았던 아이들에 비해 미국 대학수학능력시험SAT에서 최대 210점이나(총점은 1,600점이다) 더 높은 점수를 받았고 대인 관계도 좋은 사람으로 성장했다. 또한, 그들은 비교적 더 날씬한 몸매를 유지하고 있었다. 원래의 실험 이후에 수행된 유사 연구들에 따르면 마시멜로 효과는 강력해서 지능지수 검사와 같은 인지 능력 연구보다 훨씬 더 예측력이 우수했고 인종에 따른 차이도 나타나지 않는 것으로 밝혀졌다. 한마디로 의지력이 높은 아이는 인종을 불문하고 성공할 가능성이 높다는 것이다.

토론토 대학교의 마크 버만Marc Berman은 마시멜로 실험에 참여했던 아이들 중, 이제 45세의 성인이 된 24명을 대상으로 다시 실험을 수행했다. 이들 중 절반은 어렸을 때 마시멜로를 참았고, 그 후의 삶에서도 자제력을 보여준 사람들이었고, 나머지 절반은 어렸을 때 마시멜로를 먹은 후 계속해서 자제력을 보여주지 못한 사람들이었다. 버만은 작업기억을 필요로 하는 검사를 실시하면서 참여자의 두뇌 활동을 기능적 자기공명영상fMRI 장치로 촬영했는데, 마시멜로를 참았던 사람들이 그렇지 못했던 사람들보다 더 효율적인 두뇌를 가지고 있음이 드러났다. 그들은 보다 더 직접적이고 단순한 두뇌의 신경 경로를 통해 문제를 해결했다. 효율적 두뇌의 소유자는 절제하는데 더 적은 에너지를 필요로 하므로 자기절제를 더 쉽게 할 수 있다는 것이다.

② 신뢰감을 주어야 하는 부모

마시멜로 실험은 실험 참가자의 자제력을 측정하는 검사이다. 그리고 그 실험에 참여한 어린이들에게서 왜 그런 차이가 나타났는지에 관한 연구들이 있다. 그중 2012년, 로체스터 대학교의 세레스티 키드Celeste Kidd 연구진에 의해 수행된 실험은 재미있는 결과를 보여준다.

연구진은 실험에 참여한 어린이들을 각각 14명씩 두 그룹으로 나누었다. 한 그룹의 어린이들에게는 많은 장난감을 주겠다고 말하고는 절대 약속을 지키지 않는 어른과 실험 전에 대면하도록 하고, 다른 그룹의 어린이들은 약속을 잘 지키는 어른과 대면하도록 했다. 그 이후에 행한 마시멜로 실험 결과 첫 번째 그룹의 어린이 14명 중 오직 1명만이 15분 동안 마시멜로를 먹지 않고 참은 반면, 두 번째 그룹의 어린이들은 14명 중 9명이 15분을 참고 기다렸다.

이 실험은 15분을 참으면 두 개의 마시멜로를 과연 얻게 될지에 대한 어린이들의 기대치가 행동에 영향을 미친다는 점을 보여준다. 약속이 지켜질 것으로 생각하는 환경에서는 15분을 참은 아이가 많았지만, 약속이 지켜지지 않을 것으로 생각되는 환경에서 참은 아이는 14명 중 1명밖에 되지 않았다. 여기서 우리는 부모에 대한 아이의 평소 신뢰가 아이의 자제력에 중요한 영향을 미친다는 점을 알 수 있다. 아이의 자제력을 높이기 위해서 부모는 평소에 아이에게 신뢰감을 주어야 한다.

③ 극기복례

'극기복례'라는 말은『논어』에서 "인仁이란 무엇인가"라는 질문에 대해 공자가 "자기를 이겨 예禮로 돌아가는 것이 인을 구하는 방법이다克己復禮爲仁"라고 대답한 데서 비롯되었다. 극기복례는 자아를 극복하여 삶을 예에 부합시키는 것이며, 그런 노력을 통해 인간은 자아의 욕구를 통제하고 도덕적 생활을 영위할 수 있다. 공자에 따르면, 극기복례의 방법은 예禮가 아니면 하지 않는 것이다. 보는 것, 듣는 것, 말하는 것, 행동하는 것을 '예'에 의해 훈련하는 것이다. "예가 아니면 보지 말고, 예가 아니면 듣지 말고, 예가 아니면 말하지 말고, 예가 아니면 행동하지 말라非禮勿視 非禮勿聽 非禮勿言 非禮勿動"는 것이다.

여기서 '극기克己'를 단순히 '참고 이겨내는 것으로 보는 것은 공자가 말하는 진정한 극기가 아니다. 진정한 극기는 네 가지를 절제하는 것을 통해서 이루어지는 것이다. 즉 '무언가를 해야겠다는 마음이 없음', '반드시 어떠해야 한다는 마음이 없음', '고집하는 마음이 없음', '자기중심적인 마음이 없음'을 통해 진정한 극기가 이루어진다.

4
훈육을 통한 교육

아이를 키우다 보면 칭찬을 해야 할 때가 있고 꾸지람을 해야 할 경우가 있다. 칭찬과 꾸중을 통해서 뇌의 가소성을 강화할 수 있다. 언제, 어떻게 칭찬하고 꾸지람을 해야 하는지는 아이 교육에 있어서 매우 중요하다. 그리고 그 중 어느 하나에 치중하거나, 그 두 가지를 모두 하지 않는 경우에 아이를 망칠 가능성이 높다.

① 칭찬은 고래도 춤추게 한다

『칭찬은 고래도 춤추게 한다』에서 저자 켄 블랜차드Ken Blanchard 박사는 칭찬의 효과가 얼마나 강력한지를 보여준다. 칭찬을 통해 몸무게가 수 톤에 이르는 범고래를 수면 위 3m 정도로 점프하도록 훈련시킬 수 있듯이 칭찬은 아이를 춤추게 할 수 있다는 것이다.
블랜차드 박사에 따르면 칭찬을 제대로 하는 데는 다음과 같은 세 가지 비결이 있다.

- 신뢰 쌓기
- 긍정적인 면 강조하기
- 실수할 때 관심을 전환하기

거대한 범고래를 조련할 때 가장 중요한 것은 조련사가 고래와 신뢰 관계를 쌓는 것이다. 우리는 마시멜로 실험에서 아이의 부모에 대한 신뢰감이 기대감에 영향을 미치고 결국은 자제력에 영향을 미친다는 점을 보았다. 아이와 신뢰적인 관계를 맺는 것은 교육에 있어서 가장 기본적인 조건이다. 그 다음은 아이가 잘하는 점을 강조하고 못 하거나, 실수할 때 좌절감을 느끼지 않도록 격려해야 한다.

칭찬하는 데도 요령이 있다. 다음은 블랜차드 박사가 제시한 칭찬 10계명이다.

- 즉시 칭찬하기
- 구체적으로 칭찬하기
- 공개적으로 칭찬하기
- 결과보다 과정을 칭찬하기
- 사랑하는 사람을 대하듯 칭찬하기
- 진실한 마음으로 칭찬하기
- 긍정적인 눈으로 칭찬할 일을 찾기
- 일이 잘 풀리지 않을 때 더욱 격려하기
- 일이 잘못될 경우 관심 전환하기
- 종종 자신을 칭찬하기

② 피그말리온 효과

칭찬은 사람을 변화시키는 효과와 능력이 있는데, 이는 칭찬을 듣는 사람이 긍정적으로 변화될 뿐만이 아니라, 칭찬하는 사람도 역시 긍정적으로 변화하게 만든다. 심리학에서는 칭찬의 효과를 그리스 신화에 등장하는 피그말리온이라는 조각가의 이름을 따서 '피그말리온 효과'라고 한다.

피그말리온은 사랑하는 여성에게 실연을 당한 후 여성들을 혐오하여 평생 독신으로 살겠다고 다짐했다. 그러던 어느 날, 그는 상아로 여인상 하나를 조각했는데, 자기가 만든 조각품에 반하여 그것을 안아보고, 입맞춤하고, 쓰다듬기도 했다. 그러다가 상아 여인의 몸에 생기가 돌면서 사람이 되어 피그말리온의 아내가 되었다, 이처럼 피그말리온 효과는 칭찬을 통해 사람이 바뀌는 현상을 말한다.

칭찬의 힘을 구체적으로 보여주는 실험으로 1968년 하버드 대학교의 사회심리학과 로버트 로젠탈Robert Rosenthal 교수 연구진이 행한 실험이 있다. 로젠탈 교수는 20년 이상 초등학교 교장을 지낸 레노어 제이콥슨Lenore Jacobson과 함께 샌프란시스코의 한 초등학교에서 전교생 650명을 대상으로 지능검사를 한 후 검사 결과와 상관없이 무작위로 한 반에서 20% 정도의 학생을 뽑았다. 그리고 그 학생들의 명단을 교사에게 주면서 '지적 능력이나 학업성취의 향상 가능성이 높은 학생들'이라고 믿게 했다. 8개월 후 이전과 같은 지능검사를 다시 실시하였는데, 그 결과 명단에 속한 학생들은 다른 학생들보다 평균 점수가 높게 나왔다. 그뿐만 아니라 그들의 학교 성적도 크게 향상되었다. 명단에 오른 학생들에 대한 교사의 기대와 격려가 중요한 요인이었다. 이 연구 결과는 교사가 학생에게 거는 기대가 실제로 학생의 성적 향상에 효과를 미친다는 것을 보여준다.

③ 칭찬 = 돈

칭찬의 힘은 신경과학을 통해서도 확인되고 있다. 일본 국립생리학연구소의 노리히로 사다토Norihiro Sadato 교수 연구팀은 사람이 칭찬을 받을 때와 보수로서 돈을 받았을 때 반응하는 뇌의 부위가 비슷하다는 것을 밝혀냈다. 연구팀은 남녀 대학생 19명을 대상에게 '신뢰할 수 있다', '상냥하다' 등 84가지 종류의 칭찬하는 말을 들려주었는데 금전적 보상을 받았을 때와 같이 선조체Striatum가 활발하게 반응하는 것으로 나타났다. 지금까지 연구 결과 선조체는 음식이나 돈 등의 보수에 대해서 반응하는 것으로 알려져 있다.

④ 칭찬과 꾸중

칭찬과 꾸중의 효과는 연령에 따라 다르게 나타난다. 네덜란드 라이덴 대학교의 안나 다에르포르Anna van Duijvenvoorde 박사 연구팀은 8~9세, 11~13세, 18~25세로 구성된 실험참가자 그룹에게 과제를 부여하고 그 결과에 대해 긍정적 피드백과 부정적 피드백을 준 다음에 그 효과를 기능적 자기공명영상fMRI 장치를 이용하여 촬영했다. 그 결과 긍정적 피드백의 효과는 나이가 어릴수록 크지만 나이 들수록 적은 것으로 나타났다. 반면에 부정적 피드백의 효과는 나이가 들수록 크지만 나이가 어릴수록 적은 것으로 나타났다. 이를 다시 정리하면 칭찬은 어린이에게 해야 하고, 꾸중은 청소년에게 해야 효과가 있다.

20세기에 들어 '뇌과학'이 발전하면서 사고思考 작용의 과학적 기초가 밝혀지고 있고, 그에 따라 인간의 사고에 대해 그동안 우리가 잘 몰랐거나 오해하고 있던 부분들이 점차 드러나고 있다. 뇌과학 덕분에 우리는 인간이 어떻게 추리하고 학습하는지, 기억은 어디에 어떻게 저장되는지, 감정은 어떤 경로를 통해 발생하는지를 알게 된 것이다. 이제는 뇌과학 시대에 부모와 교육전문가가 전통적인 방식으로 아이들을 교육할 것인지 아니면 뇌과학을 반영한 방식으로 교육할 것인지를 결정할 중요한 시점이다. 앞서 제안한 다양한 교육적 방법은 이러한 결정에 도움을 주고자 구체적으로 정리한 방법론적 내용들이었다.

하지만 이러한 교육적 방식의 선택에 앞서 꼭 기억해야 할 것이 하나 있다. 그것은 뇌과학 시대의 뇌교육이란 뇌를 강화시키는 '뇌의 교육'이 아니라, 참다운 인간의 완성에 그 교육적 목표가 있음을 먼저 알아야 한다는 것이다. 그래서 우리 아이들의 뇌가 마음껏 춤을 출 수 있도록 믿고 따라주며, 참고 인내하는 교육적 환경을 마련해 주어, 무한한 가능성을 지닌 올바른 인간으로 성장할 수 있도록 도와주는 것이 무엇보다 중요하다는 것을 잊지 말아야 할 것이다.

부모 인문학을 만나다 ❷

눈높이를 낮추어 아이를 크게 키우는 부모 인문학

부모의 공감교육이 아이의 뇌를 춤추게 한다

초판 1쇄 인쇄　2016년 9월 13일
초판 1쇄 발행　2016년 9월 26일
저자　권수영, 이영의
펴낸이　이준경
편집이사　홍윤표
편집장　이찬희
편집　김소영
디자인　정미정
마케팅　이준경
펴낸곳　(주)영진미디어

출판등록　2011년 1월 6일 제406-2011-000003호
주소　경기도 파주시 문발로 242(문발동)
전화　031-955-4955
팩스　031-948-7611

홈페이지　www.yjbooks.com
이메일　book@yjmedia.net
ISBN　978-89-98656-60-7
값　13,000원

이 도서의 국립중앙도서관 출판시도서목록(CIP)은 서지정보유통지원시스템 홈페이지(http://seoji.nl.go.kr)와 국가자료공동목록시스템(http://www.nl.go.kr/kolisnet)에서 이용하실 수 있습니다. (CIP제어번호 : CIP2016022020)